Abenteuer Outdoor Zeltlager

Abenteuer Outdoor Zeltlager

Hugh McManners

PIETSCH VERLAG STUTTGART

EIN DORLING KINDERSLEY BUCH

Originaltitel: The Outdoor Adventure Handbook

Copyright © 1996 by Dorling Kindersley Limited, London

Text © 1996 Hugh McManners

Der Autor widmet dieses Buch voller Liebe
seinen beiden Söhnen William und Joseph

Die „Abenteurer" dieses Buches sind:
Nadia Barak, Jessie Clark, Ryan Davies,
Johnathan Green, Sayed Meah, Lauren Shaw

Deutsche Fassung: Wolf Westerkamp

Einbandgestaltung: Anita Ament

Titelbild: Es wurde der Umschlag der Originalausgabe verwendet

ISBN 3-613-50266-6

Copyright © by Pietsch Verlag, Postfach 103743, 70032 Stuttgart
Ein Unternehmen der Paul Pietsch Verlage GmbH & Co
1. Auflage 1997

Lektor: Oliver Schwarz
Satz: primustype R. Hurler GmbH, Notzingen
Printed in Hong Kong by Wing King Tong Co., Ltd.

Inhalt

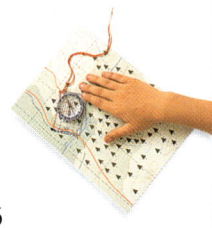

Was bringt Euch dieses Buch?

Dieses Buch verrät Euch alles, was Ihr über das Leben im Freien wissen müßt. Es hilft Euch, aufkommende Schwierigkeiten zu meiden oder zu meistern, und es trägt dazu bei, daß Eure Ausflüge stets gefahrlos und erfolgreich verlaufen. Viel Spaß beim Lesen und Üben!

Vorbereitung

Sie ist für ein erfolgreiches Freizeit-Abenteuer unerläßlich. Überlegt Euch genau, was Ihr unternehmen wollt und dabei brauchen werdet. Je öfter Ihr draußen seid, desto erfahrener werdet Ihr natürlich – aber heute hilft Euch zunächst mal dieses Buch dabei.

Seite 8 zeigt Euch, wie Ihr Eure Kleidung für den Rucksack aufrollt.

Und auf Seite 13 erfahrt Ihr, wie man diesen Rucksack sicher trägt.

Lagerplatz

Auf Seite 14 erfahrt Ihr, was für Euer Lager schädlich ist.

Seite 18 zeigt Euch alles über das Leben im Zelt.

Für Euer Lager müßt Ihr Euch einen sicheren und passenden Platz aussuchen – ungeeignete Plätze müßt Ihr auf den ersten Blick erkennen. Einen schlecht gewählten Lagerplatz nachts zu verlegen ist nicht nur mühevoll, sondern kann sogar gefährlich werden.

Kochen im Freien

Ein Lagerfeuer sorgt nicht nur für romantische Stimmung, sondern eignet sich auch hervorragend zum Kochen. Aber ein Feuer kann auch schnell außer Kontrolle geraten – also müßt Ihr lernen, wie man es sicher anlegt und anzündet. Wenn Ihr mit heißen Getränken oder Gerichten umgeht, müßt Ihr dabei die richtige Ausrüstung benutzen, sonst könnt Ihr Euch verbrennen.

Tips für Euer Lagerfeuer gibt Euch Seite 24.

Seite 27 zeigt Euch verschiedene Arten zu kochen.

Leben im Freien

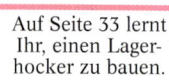

Auf Seite 33 lernt Ihr, einen Lagerhocker zu bauen.

Und auf Seite 34 könnt Ihr nachlesen, wie Ihr immer sauberes Wasser in Eurem Lager habt.

Wenn Ihr etwas länger im Freien leben wollt, könnt Ihr Euch viele Dinge selbst anfertigen. Zudem ist es ratsam, in der Nähe von Wasser zu bleiben – Ihr werdet nämlich nie all das Wasser, das Ihr braucht, mit Euch nehmen können.

Zurechtfinden im Gelände

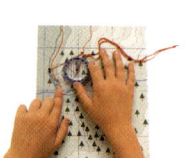

Sich im Gelände zurechtfinden zu können ist im Freien äußerst wichtig: Dann verirrt Ihr Euch nicht und könnt Euer Ziel auf verschiedenen Routen anlaufen. Wenn Ihr das Kartenlesen richtig beherrscht, könnt Ihr Euch sogar eigene Karten anfertigen!

Auf Seite 37 bauen wir uns einen Kompaß.

Auf Seite 40 lernt Ihr, eine Streckenkarte anzulegen und zu benutzen.

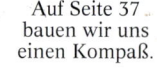

Den Unterschied zwischen einer Hüpfspur und einer Watschelspur erfahrt Ihr auf Seite 48.

Und auf Seite 50 sagen wir anhand der Wolkenformen das Wetter voraus.

Naturbeobachtung

Die Natur kann Euch viel über Eure Umwelt verraten: Pflanzen beispielsweise können Euch die Himmelsrichtung weisen, und Insekten können Euch zum nächsten Wasser führen. Und die Wolken am Himmel erlauben Euch, das Wetter vorherzusagen.

Wichtige Fertigkeiten

Wie man ein Messer richtig benutzt, wie man Knoten knüpft und Erste Hilfe leistet: Dabei hilft Euch dieses Buch. Ihr findet darin einzelne Kapitel, die Euch alles Wissenswerte beibringen – auch, wie man sich um einen Verletzten kümmert.

Auf Seite 53 lernt Ihr Euer Taschenmesser zu schärfen.

Und auf Seite 61 erfahrt Ihr, wann und wie man einen Menschen in die stabile Seitenlage bringt.

Seite 63 enthält Adressen von Gruppen, die sich auch für das Leben im Freien interessieren.

Und der Index auf Seite 64 ermöglicht Euch, alles in diesem Buch wiederzufinden.

Verhalten im Freien

In der Natur zu leben ist großartig: Aber Ihr müßt sie auch so behandeln, daß Ihr – und andere Menschen – die Freude an ihr behaltet. Das Kapitel »Verhalten im Freien« sagt Euch, wie Ihr dazu beitragen könnt.

Wie ist das Buch aufgebaut?

Jede Doppelseite in diesem Buch sagt Euch alles, was Ihr zu einem Thema wissen müßt. Die Einführung gibt Euch einen Überblick, und die Anweisungen zeigen Euch Schritt für Schritt, wie Ihr vorgehen müßt.

Stern
Dieses Symbol kennzeichnet Dinge, die Eure Sicherheit betreffen.

Knoten
Bei diesem Symbol werden Knoten geknüpft.

Taschenmesser
Wenn Ihr dieses Zeichen seht, arbeiten wir mit dem Taschenmesser.

Themenbild
Dieses Bild faßt das Grundthema der Doppelseite zusammen.

Materialkasten
Hier findet Ihr das benötigte Material.

Umweltschutz
Dieses Symbol findet Ihr bei Punkten, die die Umwelt betreffen.

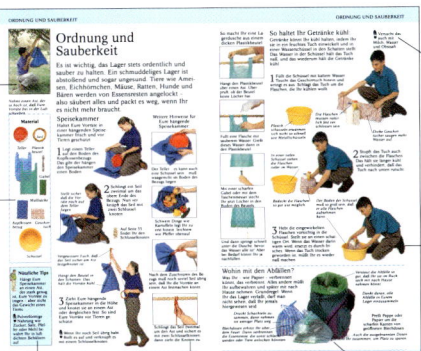

Nützliche Tips
Jeder Kasten mit Tips ist vollgepackt mit nützlichen Hinweisen.

Die Kästen mit nützlichen Tips tragen das Bild eines Mädchens oder eines Jungens.

Ratgeberkasten
Hier werden Euch Tips für bestimmte Tätigkeiten gegeben.

Zusatzinformationen
Am Fuß vieler rechter Seiten findet Ihr ergänzende oder neue Informationen zu einem Thema.

Fußspur
Dieses Symbol markiert allgemein nützliche Hinweise.

Ausführliche Anweisungen zeigen Euch, wie man sich Dinge für das Leben im Freien anfertigt.

Freizeitbekleidung

Das Geheimnis, sich bei Kälte warm und bei Hitze kühl zu halten, liegt darin, daß Ihr mehrere dünne Schichten locker sitzender Bekleidung tragt: Zwischen diesen Kleidungsschichten ist Luft eingefangen, die Euch von der Außenluft isoliert. Und wenn es Euch zu warm oder zu kalt wird, könnt Ihr Schichten ablegen oder anziehen.

Wasserdichte und windundurchlässige Jacken schützen Euch vor Nässe und Wind.

Packen der Winterausrüstung

Packt mehrere Schichten Unterwäsche, T-Shirts und Hemden ein. Mehrere dünne und locker sitzende Kleidungsstücke sind besser als wenige dicke und schwere, die zudem nur schlecht trocknen.

Nehmt mehrere Unterhemden mit.

Packt zwei oder drei langärmelige Hemden ein.

In langen Unterhosen kann man gut schlafen.

Auch mehrere Unterhosen gehören dazu.

Ein warmer Wollpullover bewährt sich an kühlen Abenden.

Warme, nicht zu eng sitzende Hosen sind vorteilhaft.

Packt auch mehrere Paare Socken aus Baumwolle oder Wolle ein.

Tragt dazu Wanderstiefel oder feste Schuhe.

Ein Paar leichtere Schuhe sind immer nützlich.

So rollt Ihr die Kleidung fürs Verstauen im Rucksack ein:

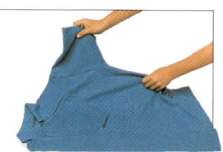

Legt sie flach hin und faltet sie rechteckig zusammen.
Bei Hemden legt Ihr die Ärmel nach innen.

Rollt jedes Kleidungsstück von unten nach oben auf – aber nicht zu fest.

Aufgerollte Kleidung braucht im Rucksack weniger Platz und knittert nicht so stark.

Wasserdichte Hosen tragt Ihr am besten im Lager, besonders wenn Ihr auf dem Boden knien müßt.

Beim Wandern im Regen sind Gamaschen das beste: Anders als in wasserdichten Hosen schwitzt Ihr darin nicht.

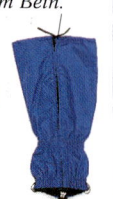

Nützliche Tips

Beim Wandern verzichtet besser auf lange Unterhosen – darin wird Euch nur zu warm.

In Pausen zieht Euch rechtzeitig – also bevor Ihr auskühlt – etwas über, auch eine warme Mütze.

Regenbekleidung

Dazu gehören Sachen, in denen Ihr trocken bleibt, aber nicht schwitzt.

Mit der Schnur befestigt Ihr die Gamasche am Bein.

Gamaschen verhindern, daß Ihr in den Wanderschuhen nasse Füße bekommt.

Winterbekleidung

Tragt mehrere dünne Schichten davon. Die äußeren Schichten sollten sich öffnen lassen, sonst wird Euch zu warm.

Eine warme Mütze ist wichtig: Bis zur Hälfte Eurer Körperwärme verliert Ihr über Kopf und Schultern!

Handschuhe und Schal halten Euch warm.

Paßt auf, daß kein Wasser von der Jacke auf Hose und Socken tropft.

Wenn es sehr kalt ist, tragt Ihr besser zwei Paar Socken.

Sommerbekleidung

Shorts und T-Shirts sind großartig bei warmem Wetter – aber in der heißen Sonne solltet Ihr lange Hosen und langärmelige Hemden tragen.

Eine Kappe mit Schirm schützt das Gesicht vor Sonne.

Schützt Euch mit viel Sonnencreme gegen die Sonne!

Locker sitzendes T-Shirt aus Baumwolle

Bei heißem Wetter tragt helle Kleidung: Sie reflektiert die Hitze.

Mit dicken Socken tragen sich Wanderstiefel viel bequemer.

So schützt Ihr den Nacken mit einem Geschirrtuch vor der Sonne:

Legt Euch das Tuch so um den Kopf, daß es den Hals seitlich und hinten bedeckt.

Über das Tuch zieht Ihr eine Schirmmütze – der Schirm schützt dann das Gesicht.

Das Tuch könnt Ihr mit Sicherheitsnadeln an der Kappe befestigen.

Wenn es sehr heiß ist, tränkt das Tuch zuvor mit kaltem Wasser.

Packen der Sommerausrüstung

Im Sommer braucht man natürlich weniger Schichten als im Winter – jetzt ist leichte Baumwollkleidung ideal. Aber packt auch warme Sachen mit ein: Nachts kann es recht kühl werden!

Auch einige Unterhemden aus Baumwolle gehören dazu.

Nehmt lang- und kurzärmelige Hemden mit.

Für die Abende braucht Ihr einen warmen Pullover.

Packt mehrere Unterhosen aus Baumwolle ein.

Turnschuhe trägt man vorwiegend im Lager.

Shorts sind ideal für warme Tage.

Leichte Hosen trocknen schneller, wenn sie mal naß geworden sind.

Unterwegs tragt Ihr Wanderstiefel oder zumindest feste Schuhe.

Dicke Wollsocken schützen Eure Füße vor dem heißen Boden.

Freizeitausrüstung

Wer viel einpackt, muß auch viel schleppen!
Überlegt Euch genau, was Ihr vorhabt – und
nehmt dann nur das Notwendigste mit. Eure
Überlebensausrüstung ist das allerwichtigste;
für sie müßt Ihr immer Platz im Rucksack berei-
thalten. Denkt auch darüber nach, wie
Ihr manche Dinge Eurer Ausrüstung zu verschiedenen Zwecken verwenden könnt.

Wenn Ihr bezweifelt, daß Ihr etwas braucht – laßt es zu Hause: Wahrschein-lich braucht Ihr es nicht.

Eure Überlebensausrüstung

Sie ist der wichtigste Teil Eures
Gepäcks. Verpackt sie wasserdicht
und haltet sie stets griffbereit.

Mit der Triller-pfeife erregt man Aufmerksamkeit.

Kompaß

Notizbuch

Wasserfester Stift

Taschenlampe

Taschen-messer

Durch die Lupe könnt Ihr die Natur erforschen.

Nadel und Faden sind nützlich für Reparaturen.

Seil und Schnur braucht Ihr für die Anfertigung von Lagerausrüstung.

Kerze

Taschenlampen-Batterien

Streichhölzer

Vergeßt nicht, etwas Geld für Notfälle mitzunehmen!

Eure Schutzausrüstung

Sie hält Euch warm und
trocken – also müßt Ihr sie
auch sorgsam behandeln!

Ein Erste-Hilfe-Kästchen ist bei jedem Ausflug dabei!

Mit Plastiktüten könnt Ihr den Ruck-sack wasser-dicht machen.

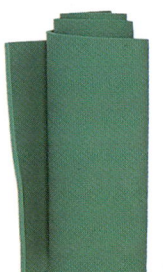

Haltet die Zeltstangen immer zusammen.

Bevor Ihr auf-brecht: Überprüft, ob das Zelt keine Löcher hat.

Eine Schlaf-matte hält Euch nachts warm.

Schlafsack

Aus dem Tuch wird ein Innenschlafsack.

Eine Zeltbahn kann den fehlenden Zelt-boden ersetzen.

Eure Kochausrüstung

Holzlöffel, Becher, Teller, Kochtopf mit Deckel und ein Dosenöffner sind eigentlich alles, was Ihr braucht. Aber wenn Ihr noch Platz habt: Nehmt Alufolie mit – darin könnt Ihr Nahrungsmittel aufbewahren und sogar kochen.

Nehmt einen Topfset mit: Einsetz-Kochtöpfe mit Deckel und Griff oder Bügel.

Alufolie ist immer hilfreich.

Gabel

Wenn Euer Topfset weder Griff noch Bügel hat, hilft Euch eine Zange.

Mit dem Holzspachtel könnt Ihr Fisch vom Grill heben.

Eine Wasserflasche werdet Ihr immer brauchen.

Löffel

Messer

Holzlöffel

Dosenöffner

Der tiefe Teller ist für Suppe und Müsli geeignet.

Plastikteller werden nicht so heiß wie Metallteller.

Nehmt für heiße Getränke einen Plastikbecher mit.

Tiefer Teller

Flacher Teller

Abwaschzeug

Wascht nach jeder Mahlzeit. Um keine Tiere anzulocken, ist es wichtig, alles stets sauberzuhalten.

Waschmittel

Topfkratzer

Geschirrtuch zum Abtrocknen

Wanne zum Abwaschen

Euer Waschzeug

Vergeßt nicht, auch Euer Waschzeug zu packen: Verpackt alles in einen wasserdichten Behälter.

Wenn Ihr Dinge wie Waschmittel in kleinere Behälter umfüllt, bekommt Ihr mehr Platz im Rucksack.

Waschbeutel

Handtuch

Haarbürste

Sonnencreme

Zahnbürste

Waschmittel

Toilettenpapier

Talkum gegen Fußblasen

Waschlappen

Seife

Zahnpasta

Verpacken der Ausrüstung

Packt alles im Rucksack in Plastiktüten – dann ist es vor Nässe geschützt. Steckt die Dinge, die Ihr zusammen benutzt, in dieselbe Tüte, dann findet Ihr sie schneller. Und packt all diese Tüten in den Rucksack hinein – wenn Ihr sie außen befestigt, können sie verloren oder beschädigt werden.

Legt Euren Rucksack mit zwei großen Müllsäcken aus: Das macht ihn wasserdicht.

So packt Ihr Euren Rucksack:

Die wichtigsten Regeln besagen, daß Ihr die schwersten Dinge oben in den Rucksack packt, leichte und sperrige Dinge nach unten und die Dinge, die Ihr schnell oder oft braucht, in die Seitentaschen. Auf den Boden des Rucksacks packt Ihr den Schlafsack, den Ihr zuvor in eine wasserdichte Hülle gesteckt habt. Darauf kommen dann andere leichte Dinge wie die Bekleidung, und ganz obenauf legt Ihr schwere Teile wie Eure Zeltstangen.

Kleiner Rucksack
Für kürzere Ausflüge genügt ein kleinerer Rucksack, da Ihr nicht so viel mitnehmen müßt.

Großer Rucksack
Nehmt einen Rucksack, der nicht zu groß ist, denn sonst verführt er Euch, zuviel hineinzustopfen – und dann könnt Ihr ihn nicht mehr tragen

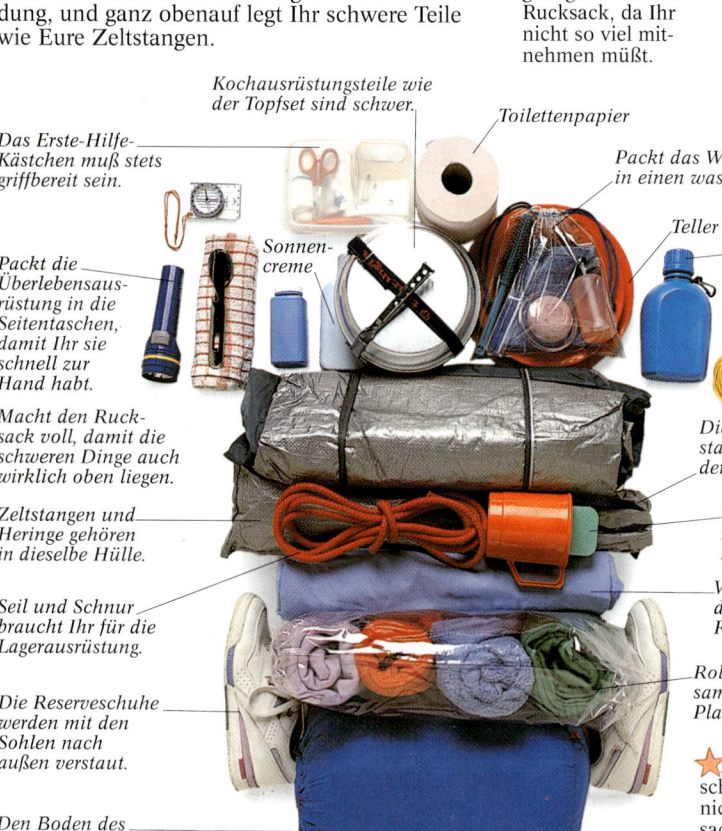

Kochausrüstungsteile wie der Topfset sind schwer.

Toilettenpapier

Das Erste-Hilfe-Kästchen muß stets griffbereit sein.

Packt das Waschzeug zusammen in einen wasserdichten Beutel.

Teller

Wasserflasche

Sonnencreme

Packt die Überlebensausrüstung in die Seitentaschen, damit Ihr sie schnell zur Hand habt.

Taschenmesser

Trillerpfeife

Macht den Rucksack voll, damit die schweren Dinge auch wirklich oben liegen.

Die schweren Zeltstangen liegen über der leichteren Kleidung.

Zeltstangen und Heringe gehören in dieselbe Hülle.

Wenn Ihr die Dinge ineinander packt, spart Ihr Platz.

Seil und Schnur braucht Ihr für die Lagerausrüstung.

Weiche Dinge polstern die Rückenseite des Rucksacks.

Rollt Eure Bekleidung zusammen und steckt sie in Plastikbeutel.

Die Reserveschuhe werden mit den Sohlen nach außen verstaut.

⭐ Paßt auf, daß scharfe Gegenstände nicht Euren Rucksack durchbohren!

Den Boden des Rucksacks füllt der Schlafsack.

So macht Ihr einen Tragebeutel für leichtere Gegenstände:

Wickelt etwas Schnur um einen Kieselstein in der Ecke eines starken Beutels und knüpft zwei Schlüsselknoten.

Verbindet die Schnur mit 1 m Seil durch einen Schotenstek-Knoten.

Packt alles sorgfältig in den Beutel. Wickelt in das obere Ende des Beutels einen weiteren Stein.

Faltet den Stein zurück, wickelt etwas Schnur um ihn und knüpft zwei Schlüsselknoten.

Verbindet die Schnur durch einen Schotenstek-Knoten mit dem Seil. Hängt Euch den Tragebeutel quer über den Rücken.

Auf Seite 55 findet Ihr den Schlüsselknoten und den Schotenstek-Knoten erklärt.

Anfertigen eines Tragebeutels

Man kann nie wissen, ob man nicht mal einen Extra-Beutel braucht. Die Anleitung links zeigt Euch, wie man sich einen Tragebeutel für kurze Ausflüge oder zum Holzsammeln anfertigt.

Seht zu, daß die Gewichte im Beutel gleichmäßig verteilt sind.

Packt keine scharfen Gegenstände hinein: Sie können den Beutel durchlöchern.

Ihr könnt auch spezielle Rucksack-Einlagen kaufen – sie eignen sich ideal für Tragebeutel.

Den Schultergurt des Beutels könnt Ihr mit Blättern abpolstern.

Tragen des Rucksacks

Rucksäcke sind oft schwer – deshalb müßt Ihr sie richtig tragen, damit sie Euch nicht weh tun. Paßt ihn Euch so an, daß er so hoch wie möglich sitzt: Dann zerrt das Gewicht nicht so sehr an den Schultern.

Die Tragegurte stellt Ihr so ein, daß der Rucksack so hoch wie möglich sitzt.

Stellt die Tragegurte lockerer oder straffer ein, wenn das Tragen unbequem wird.

Bauchgurte nehmen einen Teil des Gewichts von den Schultern.

Beim Bergabgehen und Durchqueren von Gewässern öffnet Ihr den Bauchgurt: Wenn Ihr nämlich stolpert, müßt Ihr Euch vom Rucksack befreien können.

So macht Ihr Streichhölzer mit Kerzenwachs wasserdicht:

Tropft mit einer brennenden Kerze Wachs auf die Köpfe nebeneinanderliegender Streichhölzer.

Wenn das Wachs abgekühlt ist, trennt die Streichhölzer voneinander. Vor dem Gebrauch müßt Ihr das Wachs von den Streichholzköpfen aber abkratzen!

Eventuell müßt Ihr einen Erwachsenen bitten, Euch zu helfen.

So paßt Ihr Euch Euren Rucksack zum bequemen Tragen an:

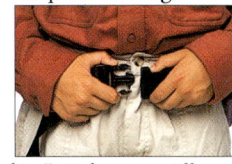

Um den Bauchgurt zu öffnen, drückt Ihr die Flanken des Gurtschlosses, das die »Zähne« trägt, zusammen – dann springt die Schnalle heraus.

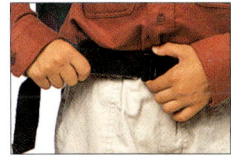

Um den Bauchgurt zu straffen, haltet das Schloß fest und zieht den Gurt zur Seite, bis er richtig sitzt.

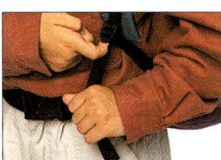

Die Schultergurte strafft Ihr, indem Ihr die Kante des Schlosses anhebt und den Gurt nach unten zieht.

Wahl des Lagerplatzes

Es ist sehr wichtig, das Lager an einem sicheren und geeigneten Platz anzulegen, selbst wenn Ihr nur eine Nacht im Freien verbringt. Sucht Euch ein trockenes Fleckchen, das leicht erhöht liegt: Dann wird es nicht sumpfig, wenn es regnet. Meidet aber steinigen Untergrund – darauf schläft es sich recht unbequem.

Nehmt Euch immer ausreichend Zeit, um einen geeigneten Lagerplatz aufzuspüren.

Wenn Ihr »wild« zelten wollt, holt Ihr Euch zuvor die Erlaubnis des Grundbesitzers.

Zeltet nicht in einer Mulde: Hier können sich kalte Luft oder Wasser sammeln.

Euer Lagerplatz sollte in der Nähe von sauberem Süßwasser liegen.

Büsche und niedrige Bäume schützen Euch vor Regen und Wind.

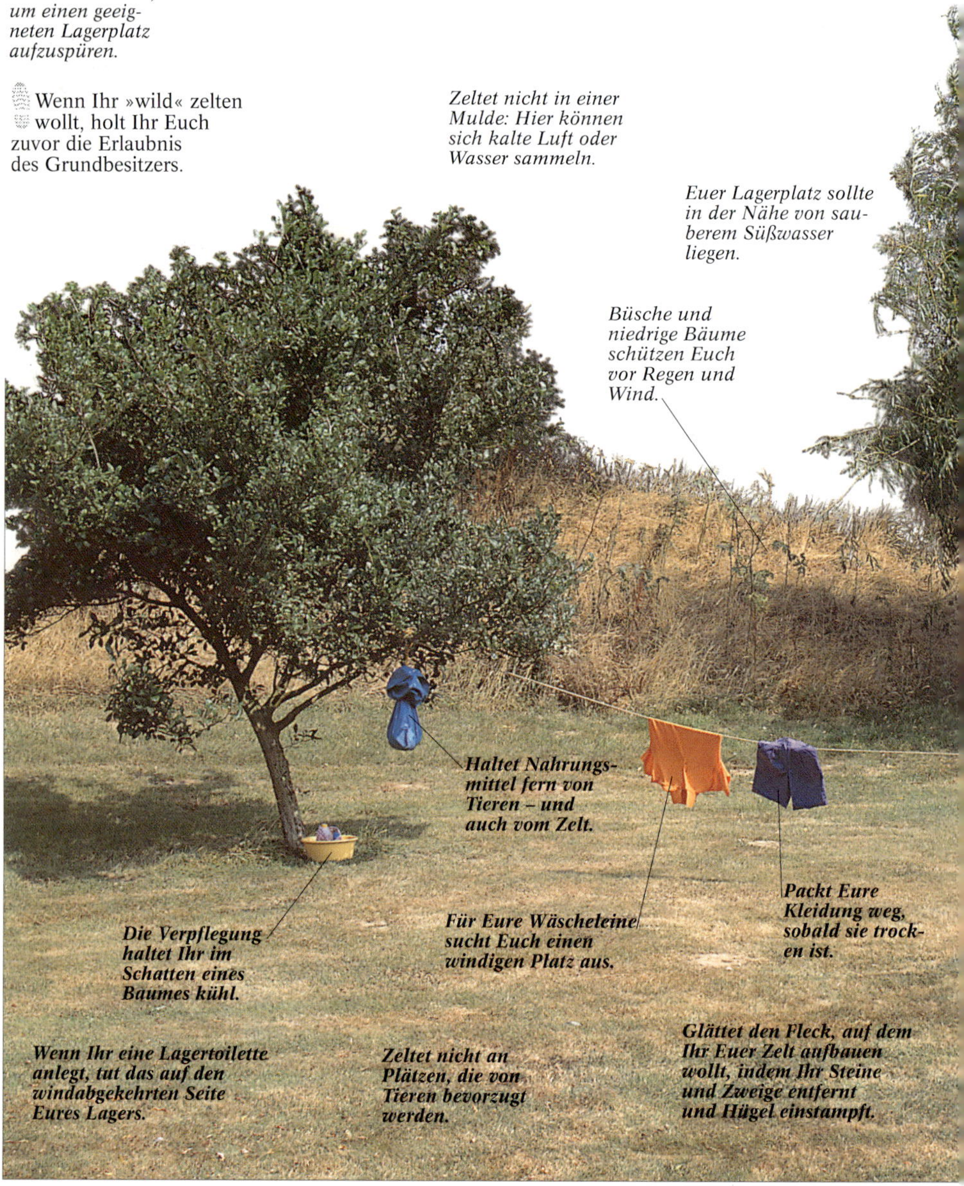

Haltet Nahrungsmittel fern von Tieren – und auch vom Zelt.

Packt Eure Kleidung weg, sobald sie trocken ist.

Die Verpflegung haltet Ihr im Schatten eines Baumes kühl.

Für Eure Wäscheleine sucht Euch einen windigen Platz aus.

Wenn Ihr eine Lagertoilette anlegt, tut das auf den windabgekehrten Seite Eures Lagers.

Zeltet nicht an Plätzen, die von Tieren bevorzugt werden.

Glättet den Fleck, auf dem Ihr Euer Zelt aufbauen wollt, indem Ihr Steine und Zweige entfernt und Hügel einstampft.

Wenn Ihr im Gebirge zeltet, stellt Eure Zelte nicht in die mögliche Reichweite von Lawinen oder Steinschlag.

Wenn Ihr am Meer zeltet, meidet tiefliegende Plätze: Hier könnte Euch die Flut erreichen.

Stellt Euer Zelt nicht unter Bäume mit Ästen, die bei Sturm abbrechen können.

An einem Hang zu schlafen ist weder einfach noch bequem – sucht Euch also halbwegs ebenes Gelände für Euren Lagerplatz.

Ein Firstzelt, wie es unten abgebildet ist, eignet sich für fast alle Unternehmungen.

Die Wahl des richtigen Zeltes

Ein Bogenzelt ist leicht und geräumig. Wenn es richtig verankert wird, ist es ideal fürs Gebirge.

Ein Tunnelzelt kann auf Gras oder auch in felsigen Flußtälern aufgebaut werden. Es kann starken Stürmen widerstehen.

Legt Euer Lagerfeuer stets auf der windabgekehrten Seite Eures Zelts an.

Vergewissert Euch, daß die Funken des Lagerfeuers nicht Euer Zelt erreichen können.

Sucht Euch für das Zelt und den Kochplatz ebenes Gelände aus.

Firstzelt

Baut Euer Zelt so auf, daß der Eingang nicht im Wind liegt.

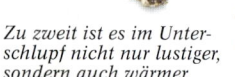

Bau eines Unterschlupfes

Wer im Freien lebt, braucht Schutz vor starkem Regen, vor Sturm oder heißer Sonne. Wenn Ihr kein Zelt dabei habt, könnt Ihr Euch diesen Schutz aus alltäglichem Material anfertigen. Baut Euren Unterschlupf auf ebenem Gelände an einem windgeschützten Platz auf.

Zu zweit ist es im Unterschlupf nicht nur lustiger, sondern auch wärmer.

Material

Taschenmesser

Durchgeschnittener Tennisball

Streichhölzer

Stöcke

Bodenmatte

Plastikplane

Schnur

Runde Kieselsteine

Große Steine oder Backsteine

Nützliche Tips

Zur Beleuchtung Eures Unterschlupfes nehmt Ihr immer die Taschenlampe: Streichhölzer und Kerzen sind zu gefährlich – sie können den Unterschlupf in Brand setzen.

Bei starkem Wind geht öfter mal raus und schaut nach, ob die Verankerungen Eures Unterschlupfes noch halten.

So baut Ihr den Unterschlupf:

Dieser Unterschlupf für zwei Personen eignet sich für harten wie weichen Boden. Er muß so breit sein, daß zwei Menschen mit ihrer Ausrüstung hineinpassen.

1 Besorgt Euch eine robuste Plastikplane von etwa 2 x 4 m Größe. Legt sie auf dem Boden aus.

Auf Seite 54 lernt Ihr den Kreuzknoten zu knüpfen.

2 Befestigt an jeder Ecke und in der Mitte der langen Seiten eine Schnur. Nehmt runde Steine zum Befestigen der Schnur – rechts ist das abgebildet.

Macht einen Kreuzknoten in die Schnur.

Ihr könnt die Schnur auch an Zeltheringen verankern.

Laßt zwischen Plane und Steinen etwas Abstand.

3 Wickelt die Schnur locker um große Steine oder Backsteine: Sie sollen die Plane festhalten. Verankert die Schnur an den Steinen, indem Ihr sie mit Schlüsselknoten sichert.

So befestigt Ihr die Schnur an der Plane:

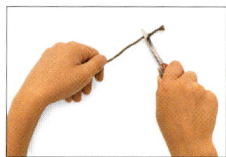

Wenn Ihr Schnur aus Kunstfasern benutzt, schneidet die Enden sorgfältig mit dem Taschenmesser gerade.

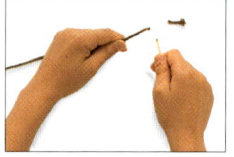

Schmelzt das Ende der Schnur mit einem Streichholz: So verkleben die Fasern und ribbeln nicht auf.

Wickelt zwei oder drei Steine an den Ecken und in der Mitte der langen Seiten in die Plane.

Dann schlingt Ihr die Schnur um die Steine in der Plane und sichert sie mit einem Kreuzknoten.

So verankert Ihr den Unterschlupf und sichert sein Dach:

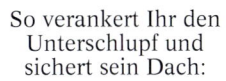

Wickelt das offene Ende jeder Schnur um einen großen Stein oder Backstein und sichert es durch einen Schlüsselknoten.

Schneidet mit dem Taschenmesser einen Tennisball entzwei und legt jede Hälfte auf das obere Ende der beiden Stöcke.

Wenn ein Stein nicht schwer genug ist, legt noch einen zweiten drauf.

Auf Seite 52 erfahrt Ihr, wie man ein Taschenmesser sicher benutzt.

4 Mit den Tennisballhälften obenauf schiebt Ihr die beiden Stöcke an beiden Enden unter die Plane.
Rammt die Stöcke in die Erde und zieht die Schnüre mit den Steinen straff: So bekommt das Dach die Form eines »A«.

Seite 55 zeigt Euch, wie man einen Schlüsselknoten macht.

Der Tennisball verhindert, daß die Stöcke sich durch die Plane bohren.

Die Stöcke sollten möglichst gerade stehen.

Legt die Steine so aus, daß die Schnüre straff sind.

Den First des Daches müßt Ihr geradeziehen.

Wickelt die Schnur so um die Steine, bis sie die richtige Länge hat.

Achtet darauf, daß die Unterkanten des Daches nicht den Boden berühren.

5 Legt die Steine so aus, daß das Dach straff und gleichmäßig gehalten wird: So kann sich kein Regenwasser auf dem Dach sammeln. Macht Euch den Unterschlupf noch gemütlicher, indem Ihr eine wasserdichte Bodenmatte auslegt; auf nassem Untergrund könnt Ihr dafür Plastik oder Segeltuch benutzen – auf trockenem Boden tut's auch ein alter Teppich.

Legt die Bodenmatte so aus, daß sie nicht nach draußen übersteht – sonst leitet sie Regenwasser ins Zelt!

Welches Zelt?

Es gibt viele Zeltarten,≠ und sie eignen sich für die unterschiedlichsten Zwecke. Einige sind im Schnee zu bevorzugen, andere bieten mehr Platz. Ein ganz normales Firstzelt wie dieses könnt Ihr überall benutzen – im Gebirge wie in Eurem Garten.

Die Firststange gab diesem Zelt den Namen.

Das Außenzelt hält Euer Zelt wasserdicht.

Bei heißem Wetter reicht es, nur das Außenzelt des Firstzeltes aufzubauen.

Eine Gummischlaufe hält die Zelttür zur Seite.

Für Euer Zelt braucht Ihr viele Heringe.

Ein überhängendes Dach gibt zusätzlichen Stauraum.

Ein Zeltboden hält das gesamte Zelt trocken.

Der Reißverschluß im Eingang sollte bis ganz oben reichen: Dann kommt Ihr leichter ins Zelt und wieder raus.

Die Halteleinen am Außen- und am Innenzelt müssen mit kräftigen doppelten Nähten befestigt sein.

Lagerleben

Stülpt Eure Stiefel über Stöcke, die Ihr unter dem Vordach in den Boden gerammt habt.

Damit Euch das Leben im Freien gefällt, müßt Ihr es organisieren: Jedes Ding muß seinen festen Platz haben, so daß nichts verlorengeht oder beschädigt wird. Ob Ihr nur einen Tag oder gleich mehrere im Lager verbringt – laßt all das, was Ihr nicht gerade braucht, im Rucksack, und bestimmt feste Plätze für alles übrige.

Material

| | Zweige |
| | |

Stock
Gummi-band
Taschenmesser

Starkes Seil als Wäscheleine

Seil als Führungsleine

Nützliche Tips

Wenn Ihr am Eingang eine Taschenlampe an die Zeltstange hängt, habt Ihr nachts eine Beleuchtung für Euer Zelt.

Wenn Ihr Euch das Zelt teilt, legt Eure Schlafsäcke nebeneinander und Eure Kleidung dazwischen.

Ordnung im Zelt

In einem Zelt ist nicht viel Platz, daher ist es wichtig, Ordnung zu halten. Legt Dinge, die Ihr nachts brauchen werdet, an das Kopfende Eures Schlafsacks, und räumt alles andere von den Außenwänden des Zeltes weg.

Laßt Eure Rucksäcke entweder unter dem Vordach oder ganz draußen.

Haltet die Wasserflasche stets griffbereit zum Trinken.

Eßbares verwahrt Ihr außerhalb des Zeltes in einem verschlossenen Beutel.

Eure Kochausrüstung stellt Ihr nachts nach draußen unter das Vordach.

Legt die Taschenlampe neben den Schlafsack: Dann könnt Ihr sie auch im Dunkeln finden.

Der Schlafsack liegt mit dem Kopfende zum Zelteingang.

Was die Wände Eures Zeltes berührt, kann naß werden – legt also nur wasserdichte Bekleidung dorthin.

Der Schlafanzug gehört in den Schlafsack.

Wertsachen nehmt Ihr nachts mit in den Schlafsack oder legt sie unter das Kopfkissen.

Die Reserveschuhe stehen am Fußende des Schlafsacks.

Legt Euren Schlafsack auf eine Matte aus Schaumstoff.

So spannt Ihr eine Wäscheleine:

Wer im Freien lebt, muß sich bemühen, alles sauber und ordentlich zu halten: Das betrifft auch Eure Kleidung. Auf der Wäscheleine könnt Ihr nicht nur Wäsche aufhängen, sondern auch Sachen lüften – auch Euren Schlafsack.

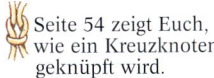

Seite 54 zeigt Euch, wie ein Kreuzknoten geknüpft wird.

Nehmt ein Seil, das unter dem Gewicht der Wäsche nicht durchhängt.

1 Schlingt das eine Ende eines kräftigen Seils um eine Zeltstange und bindet es mit einem Kreuzknoten fest.

Stellt Euer Zelt in der Nähe eines Baumes mit starken Ästen auf.

Wählt einen Baum aus, der weit genug weg steht, so daß Ihr genügend Wäsche aufhängen könnt.

An der Wäscheleine könnt Ihr Eure Sachen auch täglich lüften.

2 Befestigt das andere Ende des Seils an einem kräftigen Ast: Wickelt es zweimal darum und macht auch hier einen Kreuzknoten.

Nehmt einen Ast in Schulterhöhe.

Das Führungsseil spannt Ihr in Gürtelhöhe.

Zieht das Seil straff.

Am besten trocknet und lüftet Ihr Eure Wäsche an windigen Tagen.

3 Mit einem anderen Seil könnt Ihr eine Führungs- oder Handleine spannen, die Euch nachts zur Toilette führt. Befestigt dieses Seil so, wie Ihr die Wäscheleine gespannt habt.

Sichert Eure Wäsche mit Wäscheklammern.

So macht Ihr Wäscheklammern:

Wenn Ihr keine oder nicht genug Wäsche- klammern dabeihabt, könnt Ihr Euch im Lager selbst welche anfertigen.

Auf Seite 52 seht Ihr, wie man ein Taschen- messer sicher benutzt.

1 Sucht Euch Zweige von 10 cm Länge. Schneidet mit dem Taschenmesser das eine Ende der Zweige flacher.

2 Legt die abgeflachten Seiten einander gegenüber und schlingt ein Gummiband recht fest um die Zweige.

3 Jetzt spreizt Ihr die Zweige leicht und schiebt sie über die Wäsche – das Gummiband hält sie fest.

Nehmt einen Ast, der so hoch ist, daß Eure Vorräte frei in der Luft schweben.

Ordnung und Sauberkeit

Es ist wichtig, das Lager stets ordentlich und sauber zu halten. Ein schmuddeliges Lager ist abstoßend und sogar ungesund. Tiere wie Ameisen, Eichhörnchen, Mäuse, Ratten, Hunde und Bären werden von Essensresten angelockt – also säubert alles und packt es weg, wenn Ihr es nicht mehr braucht.

Material

Teller   Plastik-
          beutel

Seil

Gabel

Müllsäcke

Kopfkissen- Geschirr-
bezug   tuch

Schüssel

Nützliche Tips

Hängt Eure Speisekammer an einen Ast, der stark genug ist, Eure Vorräte zu tragen – aber nicht das Gewicht eines Tieres.

Pulverförmige Nahrung wie Zucker, Salz, Pfeffer oder Mehl bewahrt Ihr in luftdichten Behältern auf.

Speisekammer

Haltet Eure Vorräte in einer hängenden Speisekammer frisch und vor Tieren geschützt.

1 Legt einen Teller auf den Boden des Kopfkissenbezugs: Das gibt der hängenden Speisekammer einen Boden.

Stellt sicher, daß die Vorräte noch auf dem Teller liegen.

2 Schlingt ein Seil zweimal um das obere Ende des Bezugs. Nun verknüpft das Seil mit zwei Schlüsselknoten.

Auf Seite 55 findet Ihr den Schlüsselknoten.

Vergewissert Euch, daß das Seil sicher am Ast festgeknotet ist.

Hängt den Beutel in den Schatten: Das hält die Vorräte kühl.

3 Zieht Eure hängende Speisekammer in die Höhe und knotet sie an einem Ast oder dergleichen fest: So sind Eure Vorräte vor Tieren geschützt

Wenn Ihr noch Seil übrig habt: Rollt es auf und verknüpft es mit einem Schlüsselknoten.

Weitere Hinweise für Eure hängende Speisekammer:

Der Teller – es kann auch eine Schüssel sein – muß waagerecht im Boden des Bezugs liegen.

Schwere Dinge wie Kartoffeln legt Ihr zuerst hinein, leichtere wie Pfeffer obenauf.

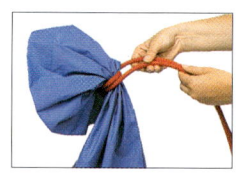

Nach dem Zuschnüren des Bezugs muß noch soviel Seil übrig sein, daß Ihr die Vorräte an einem Ast festmachen könnt.

Schlingt das Seil zweimal um den Ast und sichert es mit zwei Schlüsselknoten; dann zieht die Knoten zu.

So macht Ihr eine Lagerdusche aus einem dicken Plastikbeutel:

Hängt den Plastikbeutel über einen Ast. Überprüft, ob der Beutel keine Löcher hat.

Füllt eine Flasche mit sauberem Wasser. Gießt dieses Wasser dann in den Plastikbeutel.

Mit einer scharfen Gabel oder mit dem Taschenmesser stecht Ihr jetzt Löcher in den Boden des Beutels.

Und dann springt schnell unter die Dusche, bevor das Wasser alle ist! Aber bei Bedarf könnt Ihr ja nachfüllen.

So haltet Ihr Getränke kühl:

Getränke könnt Ihr kühl halten, indem Ihr sie in ein feuchtes Tuch einwickelt und in einer Wasserschüssel in den Schatten stellt. Das Wasser in der Schüssel hält das Tuch naß, und das wiederum hält die Getränke kühl.

1 Füllt die Schüssel mit kaltem Wasser. Taucht das Geschirrtuch hinein und wringt es aus. Schlagt das Tuch um die Flaschen, die Ihr kühlen wollt.

Plastikschüsseln erwärmen sich nicht so schnell wie Metallschüsseln.

Die Flaschen müssen natürlich fest verschlossen sein.

Dicke Geschirrtücher saugen mehr Wasser auf.

In einer tiefen Schüssel stehen die Flaschen tiefer im Wasser.

2 Stopft das Tuch auch zwischen die Flaschen: Das hält sie länger kühl und verhindert, daß das Tuch nach unten rutscht.

Bedeckt die Flaschen so gut wie möglich.

Der Boden der Schüssel muß so groß sein, daß er alle Flaschen aufnehmen kann.

3 Hebt die eingewickelten Flaschen vorsichtig in die Schüssel. Stellt sie an einen schattigen Ort. Wenn das Wasser darin warm wird, ersetzt es durch frisches. Wenn das Tuch trocken geworden ist, müßt Ihr es wieder naß machen.

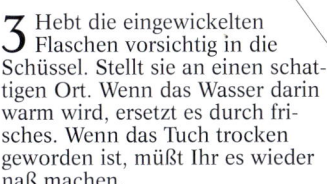

Versucht das auch mit Milch, Wasser und Obstsaft.

Wohin mit den Abfällen?

Was Ihr – wie Papier – verbrennen könnt, das verbrennt. Alles andere müßt Ihr aufbewahren und später mit nach Hause nehmen. Grundregel: Wenn Ihr das Lager verlaßt, darf man nicht sehen, daß Ihr jemals hiergewesen seid.

Drückt Schachteln zusammen, dann nehmen sie weniger Platz weg.

Blechdosen erhitzt Ihr über dem Feuer: Dann verbrennen die Essensreste, die sonst schlecht werden oder Tiere anlocken könnten.

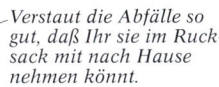
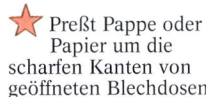

Verstaut die Abfälle so gut, daß Ihr sie im Rucksack mit nach Hause nehmen könnt.

Denkt daran, alle Abfälle in Eurem Lager einzusammeln.

 Preßt Pappe oder Papier um die scharfen Kanten von geöffneten Blechdosen.

Auch die ausgebrannten Dosen quetscht Ihr zusammen, um Platz zu sparen.

Bei warmem Wetter schlaft Ihr besser nur im Innensack Eures Schlafsacks.

Übernachten im Freien

Nachts kann es sehr kalt werden – folglich dürft Ihr die Körperwärme nicht absinken lassen. Die meiste Körperwärme verliert Ihr über den Boden und den Kopf. Wenn Ihr Schichten zwischen Euch und den Boden legt und den Kopf bedeckt, isoliert das und hält Euch warm.

Material

T-Shirt   Schnur

Müllsäcke

Zeitungspapier

Weicher Pullover

Garn   Sicher-
Nadel   heitsnadel

Laken

Decke

Nützliche Tips

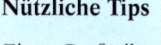

Einen Großteil Eurer Körper-wärme verliert Ihr über Kopf und Schultern, also tragt Ihr in kalten Nächten eine Mütze und zieht Euch den Schlafsack über die Ohren.

Sorgt dafür, daß Eure Schlafaus-rüstung stets trocken ist: Nasse Sachen halten Euch nicht warm.

So macht Ihr eine Schlafmatte:

Diese Matte solltet Ihr ziem-lich dick machen, damit Ihr beim Liegen weit genug weg vom Boden und damit isoliert seid.

1 Füllt einen Müllsack mit zer-knülltem Zeitungs-papier. Preßt die Luft aus dem Müllsack und verschließt ihn mit einer Schnur, in die Ihr einen Kreuzknoten macht.

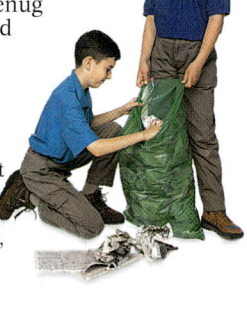

Auf Seite 54 wird Euch der Kreuzknoten ge-zeigt.

2 Macht die Matte wasserdicht, indem Ihr den Müllsack in einen zweiten Müll-sack schiebt. Auch diesen Müllsack verschließt Ihr mit Schnur und Kreuz-knoten.

Nehmt dicke Müll-säcke: Die platzen nicht so leicht.

Schiebt zuerst das zu-geknotete Ende in den zweiten Müllsack.

Je nach Körpergröße werdet Ihr zwei oder drei Müllsäcke brauchen.

3 Legt die Müllsäcke aneinander. Legt eine Decke darüber, um es noch bequemer zu haben. Wenn Ihr auf dieser Matte schlaft, nimmt das Zeitungs-papier die Kälte auf und hält Euch warm.

Die Decke sollte so groß sein, daß sie alle Müllsäcke bedeckt.

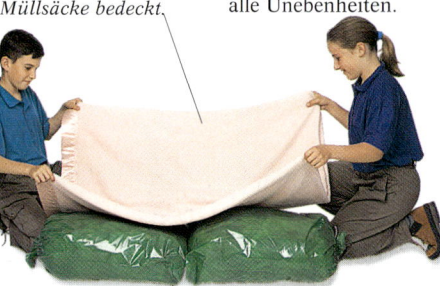

So macht Ihr ein Kopfkissen aus T-Shirt und weichem Pullover:

Legt den Pullover flach aus. Legt die Ärmel nach innen und faltet ihn einmal.

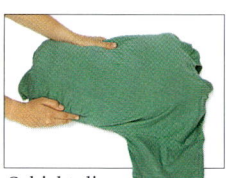

Schiebt den ge-falteten Pullover in das T-Shirt: Damit habt Ihr ein bequemes Kopfkissen.

Schiebt die losen Enden des T-Shirts nach innen und glättet alle Unebenheiten.

So macht Ihr einen Innenschlafsack:

Ein Innenschlafsack hält Euch nachts wärmer und hält den Schlafsack innen sauber.

Nehmt ein altes Laken: Das könnt Ihr abschneiden, wenn es Euch zu lang ist.

1 Faltet ein Laken der Länge nach zusammen. Das Laken muß so groß sein, daß es den Körper bis über den Kopf bedeckt.

So macht Ihr den Kordelzug für den Innensack:

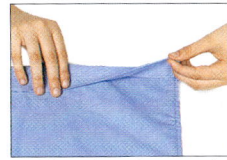

Schlagt das obere Ende des Sacks etwa 3 cm tief um; hier kommt die Zugkordel hinein.

2 Näht die Seite und das Fußende mit zwei Reihen Vorderstichen zusammen. Die innere Reihe besteht aus kleinen und engen Stichen: Hier wird das Laken am meisten belastet.

Vorsicht: Stecht Euch nicht mit den Nadeln.

Für das Nähen braucht Ihr starkes Garn.

Vorderstiche näht man in gerader Linie. Die Abstände zwischen den Stichen sind stets gleich.

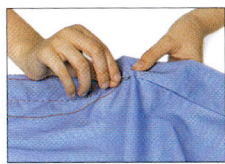

Näht auch hier zwei Nahtreihen – die innere Naht enger als die äußere.

Den Schlüsselknoten findet Ihr auf Seite 55.

3 Rechts seht Ihr, wie man den Kordelzug anfertigt. Macht Schlüsselknoten in dessen Enden, damit die Kordel nicht in das umgenähte Laken zurückrutscht.

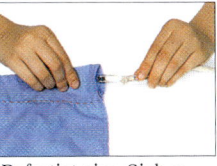

Befestigt eine Sicherheitsnadel an der Kordel und fädelt sie damit durch die umgeschlagene Kante.

Bei Kälte zieht Ihr Euch den Innenschlafsack über den Kopf.

Zieht den Kordelzug enger und sichert ihn innen mit einer Schleife.

Vergeßt nicht, die Sicherheitsnadel anschließend zu entfernen.

Wenn Ihr einen Schlafsack kauft:

Welchen Typ Ihr wählt, hängt davon ab, was Ihr damit vorhabt. So können Schlafsäcke zum Beispiel aus Natur- oder Kunstfasern bestehen. Der Naturfaser-Schlafsack wärmt besser – aber der aus Kunstfasern trocknet schneller, wenn er mal naß wurde.

Ein Trainingsanzug hält Euch nachts mollig warm.

Nehmt einen Schlafsack mit Kordelzug-Haube: Die hält den Kopf warm.

Kauft eine große Matte aus Schaumstoff: Eine aufblasbare bekommt zu schnell Löcher.

Der Reißverschluß sollte gut abgedeckt sein, damit man nachts nicht fühlt, wie er kalt wird.

Der Wärmekragen bewahrt die Körperwärme von Kopf, Nacken und Schultern.

Für Euer Lagerfeuer braucht Ihr trockenes Brennmaterial.

Lagerfeuer

Feuer ist sehr nützlich: Es hält Euch warm, und Ihr könnt im Freien darauf kochen. Ihr müßt es aber ständig bewachen: Es gerät zu schnell außer Kontrolle. Tragt deshalb alles Brennmaterial vor dem Anzünden zusammen – dann braucht Ihr das Feuer nicht mehr zu verlassen, wenn es einmal brennt.

Material

Heu

Streich-hölzer

Trockenes Laub

Dünne Zweige

Mittlere Zweige

Dicke Äste

Nützliche Tips

Wenn alles naß ist, sucht in Baumspalten, unter Büschen und in Laubhaufen nach trockenem Holz.

Bei windigem Wetter nehmt Sturmstreichhölzer zum Anzünden: Sie gehen nicht so leicht aus.

Das Indianerfeuer

Diese Art Feuer ist leicht hergestellt und brennt unter fast allen Bedingungen. Sucht Euch dafür aber einen Platz, der von allem Brennbaren weit genug entfernt ist.

1 Bittet einen Erwachsenen, Euch beim Aus-stechen eines Quadrats Gras zu helfen. Tut das Gras beiseite und legt Äste in das Loch, alle nebeneinander.

Das Zünd-material sollte knochen-trocken sein.

2 Legt auf diese Äste etwas Zündmaterial: Zweige von der Stärke eines Bleistifts und kleine Blätter. Um das Zünd-material baut Ihr jetzt aus noch dünneren Zweigen ein Indianerzelt.

Laßt vorn ein Loch zum Nach-legen von Zunder.

3 In das Zündmate-rial legt Ihr den Zunder: Heu, Laub, Schwamm oder Rinde – aber das muß alles ganz trocken sein! Setzt dann den Zunder mit einem Streich-holz in Brand.

⭐ Wenn Ihr noch nie ein Feuer angezündet habt: Bittet einen Er-wachsenen um Hilfe.

Der Ball aus Zun-der ist so groß wie eine Pampelmuse.

Weitere Hinweise für Euer Lagerfeuer:

Sucht trockene Äste von etwa 5 cm Stärke. Legt sie dicht nebeneinander.

Tragt viel Zündmaterial zu-sammen, aber legt es nicht zu eng aneinander – dann brennt es nicht so gut.

Legt die trockenen Zweige gegeneinander – die dickeren, längeren Zweige nach außen.

Setzt den Zunder mit einem Streichholz in Brand: Er entflammt dann Zündmaterial und Äste.

Beobachtet das Feuer ständig und paßt auf, daß es nicht zu heftig brennt.

4 Wenn das Feuer erst einmal brennt, schlagen die Flammen hoch. Danach fällt das Indianerzelt zu einem Gluthaufen zusammen: Jetzt müßt Ihr vorsichtig weitere Zweige nachlegen. Dünne Zweige eignen sich am besten zum Kochen, dicke Zweige brennen langsamer und bilden das Feuer, um das Ihr Euch abends setzt.

Haltet weiteren Brennstoff griff-bereit.

So löscht Ihr ein Feuer sicher mit Wasser, Sand oder Erde:

Wenn das Feuer nieder-gebrannt ist, gießt Wasser darüber – es kann auch schmutziges Ab-waschwasser sein.

Ihr könnt auch Sand oder Erde darüber-streuen, dann raucht es nicht mehr und geht aus.

5 Wenn Ihr das Feuer nicht mehr braucht, löscht es – und zwar immer (so wie rechts oben erklärt)! Durch-wühlt die Asche vorsichtig mit dem Fuß, um sicherzugehen, daß nichts mehr glüht.

Wenn das Feuer kalt ist, stochert mit einem Stock in der Glut, bis alles zu Asche zerfallen ist.

Haltet Wasser oder Sand bereit für den Fall, daß Ihr es mal schnell löschen müßt.

An manchen Orten ist Feuermachen verboten – erkundigt Euch danach, bevor Ihr eins anzündet.

Laßt keine Abfälle am Feuer liegen, an denen sich Tiere verletzen könnten.

Legt die zuvor aus-gestochene Grasnabe wieder an ihren Platz, wenn Ihr das Lager verlaßt.

Haltet auch mit den Füßen Abstand zu brennendem Feuer.

⭐ Seid sehr vorsichtig, wenn Ihr die Asche mit dem Fuß untersucht: Sie kann äußerst heiß sein!

Und das braucht Ihr fürs Feuer:

Das Geheimnis eines gut brennenden Feuers ist, daß Ihr mit sehr dünnen Zweigen be-ginnt und schrittweise größere Äste nachlegt, wenn es erst einmal entfacht ist.

Zunder
Er ist der wichtigste Teil des Feuers, da man ein Feuer nicht mit dicken Holzstücken anzünden kann.

Legt es auf den Zunder.

Zündmaterial
Wenn diese kleinen Zwei-ge brennen, entflammen sie das dünne Brennholz.

Dünnes Brennholz
Wenn dies brennt, ist Euer Feuer entfacht.

Sucht Euch fingerdicke Zweige.

Brecht die Äste zu 30 cm lan-gen Knüppeln.

Mittleres Brennholz
Es hält das Feuer in Gang, wenn es erst ein-mal brennt.

Dickes Brennholz
Baumstämme nimmt man für lang brennende Feuer in Dauerlagern.

Die Baum-stämme müssen völ-lig ver-brannt sein, bevor Ihr sie löscht.

Kochen über dem Feuer

Ein Lagerfeuer ist viel heißer als ein Küchen-herd, also müßt Ihr Euer Essen vorsichtig zubereiten. Wartet stets, bis die Flammen kleiner sind und sich Glut bildet – wenn das Feuer dabei mal auszugehen droht, könnt Ihr immer noch Brennholz nachlegen.

Der Rauch des Feuers gibt Eurem Essen einen besonderen Geschmack.

Material

Alufolie

Taschenmesser

Schnur

Stöcke

Ast

Nützliche Tips

Wann immer Ihr mit einem Koch-topf kocht, hebt Dreibein und Topf zusammen aufs oder vom Feuer.

Nehmt finger-dicke Stöcke zum Kochen: So könnt Ihr die Hitze leichter regeln.

So macht Ihr ein Dreibein:

Dieses Dreibein stellt Ihr über das Feuer, wenn Ihr mit dem Kochtopf kocht.

1 Umwickelt drei Stöcke mit einer Schnur und sichert die Schnur mit einem Kreuzknoten.

Sucht nach etwa 1 m langen Stöcken.

Auf Seite 54 findet Ihr den Kreuz-knoten.

2 Spreizt die Stöcke unten auseinander. Nehmt einen Ast mit starken Zweigen als Topfhalter. Entfernt mit dem Taschen-messer die Blätter.

Auf Seite 52 lernt Ihr ein Taschenmesser sicher zu benutzen.

Hängt die Schnur-schlaufe über das Dreibein.

Das Dreibein muß sicher und fest auf dem Boden stehen.

Hängt den Koch-topfbügel über eine Astgabel des Topfhalters.

Weitere Hinweise für den Bau von Dreibein und Topfhalter zum Kochen:

Wickelt die Schnur nicht zu eng um die Stöcke, sonst könnt Ihr sie unten nicht mehr spreizen.

Die Schnur, an der der Topfhalter hängt, muß einen Kochtopf voll Wasser tragen können.

Hängt den Kochtopf an verschiedene Astgabeln – je nachdem, wie dicht Ihr ihn über dem Feuer haben wollt.

3 Schlingt eine Schnur um das obere Ende des Topf-halters und sichert sie mit einem Kreuzknoten. Macht am anderen Ende der Schnur ebenfalls eine Schlaufe mit Kreuz-knoten: Die hängt Ihr jetzt als Topfhalter über das Dreibein.

So macht Ihr nützliches Kochzubehör aus Zweigen und Alufolie:

Macht Euch eine Röstgabel, indem Ihr die Enden eines Y-förmigen Astes anspitzt.

Entrindet einen langen, dünnen Zweig und spitzt ihn an: So habt Ihr einen Spieß für Fleischspeisen.

Oder macht Euch eine Bratpfanne, indem Ihr den Y-förmigen Ast mit Folie umwickelt. Preßt die Folie fest zusammen.

 Auf Seite 52 lernt Ihr den sicheren Umgang mit dem Taschenmesser.

Verschiedene Gerichte

Über offenem Feuer zu kochen macht deshalb so viel Spaß, weil man dabei verschiedene Kochtechniken ausprobieren kann. Und Ihr braucht dafür nur ein paar Zweige, ein Taschenmesser und etwas Alufolie.

Würstchen braten

Da offenes Feuer sehr heiß ist, verbrutzelt Euer Essen außen sehr schnell, erwärmt sich innen aber viel langsamer. Wenn Ihr Fleisch zubereitet, muß es innen unbedingt ganz durchgebraten sein – sonst verderbt Ihr Euch daran vielleicht den Magen.

Schneidet Fleisch in kleine Stücke, dann brät es schneller durch.

Spießt dünne Zweige durch die Würstchen und legt sie auf einen Y-förmigen Ast.

Fleischspieß grillen

Schneidet Tomaten, Pilze, Zucchini und rohes Huhn in kleine Stücke und preßt sie auf den Spieß. Grillt das Ganze etwa 20 Minuten, dann ist es durchgebraten.

 Bereitet den Fleischspieß auf dem Grill von Seite 32 zu.

So röstet und grillt Ihr mit Stöcken und Folie:

Toastet zwei Scheiben Brot gleichzeitig, indem Ihr sie auf den angespitzten Y-Ast spießt.

Zerschneidet Gemüse und schiebt es auf den Spieß, den Ihr dann über das Feuer haltet.

Grillt Fisch in Eurer Bratpfanne. Er ist dann fertig, wenn das Fleisch weiß wird und die Augen dunkel werden.

⭐ Paßt auf, daß Ihr Euch mit den angespitzten Zweigen nicht stecht.

Ihr könnt auch das mal probieren:

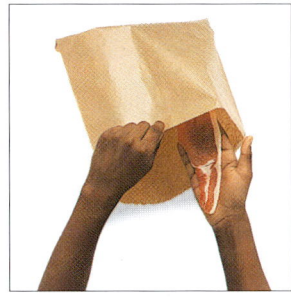

»Tütenschinken«
Steckt einen Stock durch das eingerollte obere Ende einer Papiertüte und haltet sie 10 Minuten über das Feuer – das Schinkenfett verhindert, daß die Tüte brennt.

»Blattburger«
Wenn Ihr keine Alufolie habt, bratet Euren Burger in einem Blatt Kohl oder Kopfsalat: Es hält Flugasche vom Burger fern.

»Mooseier«
Stecht die Eier vorsichtig mit einer Nadel an. Wickelt sie in Moos und legt sie einige Minuten in die Glut des Feuers.

Eintopf kochen

Wenn Ihr im Freien lebt, tobt Ihr tagsüber sicherlich viel herum – also ist es wichtig, abends warm zu essen und zu trinken. Der Körper verdaut die Nahrung dann im Schlaf, was Euch für den nächsten Tag mit Energie versorgt, und das heiße Getränk wärmt Euch auf.

Nehmt Euch immer die Zeit für eine warme und reichhaltige tägliche Mahlzeit.

Material

Kochtopf

Dosen-öffner

Pfannen-halter

Taschen-messer

Trocken-gericht

Schnur

Stock

Holzlöffel

Nützliche Tips

Nehmt Trocken-gewürz, Curry-pulver sowie Pfeffer und Salz mit – das macht Euer Essen schmackhafter.

Eßt stets alles auf: Essens-reste locken Tiere ins Lager!

Reichhaltiger Eintopf

Diese Mahlzeit ist schnell zubereitet: Ihr tut nur Eure Lieblings-Zutaten in ein handelsübliches Trockengericht.

Auf der Packung steht, wieviel Wasser man zugibt.

Seite 52 zeigt Euch den sicheren Umgang mit dem Taschenmesser.

1 Weicht die Trocken-nahrung eine Stunde lang im Kochtopf ein.

Pilze

Trocken-früchte

Tomaten in Dosen

Tut hinein, was Euch gefällt – auch Trocken-kuchen.

Zucchini

Tomaten-püree

2 Wenn das Trockengericht mit Wasser vollgesogen ist, tut alle Zutaten hinein – rechts wird das genauer erklärt. Rührt alles kräftig um und hängt den Topf am Dreibein über das Feuer.

Seite 26 sagt Euch mehr über das Dreibein.

3 Laßt den Eintopf eine Stunde lang sieden. Wenn er fertig ist, nehmt ihn vom Feuer und laßt ihn ein paar Minuten abkühlen – sonst verbrennt Ihr Euch die Zunge!

Weitere Hinweise für die Eintopf-Zubereitung:

Mit dem Taschenmesser zerschneidet Ihr – vorsichtig! – eine Zwiebel und eine Knoblauchzehe.

Die Tomatendose öffnet Ihr mit dem Dosenöffner – aber schneidet Euch nicht an der scharfen Kante.

Krümelt einen Brühwürfel in den Eintopf: Das macht ihn reichhaltiger und schmackhafter.

Schneidet das Gemüse in kleine Stücke, bevor Ihr es hineintut – so wird es schneller gar.

So baut Ihr das Dreibein für sicheres Kochen um:

Verbindet zwei Beine des Dreibeins mit einer Schnur, die Ihr jeweils mit einem Kreuzknoten befestigt.

Sucht Euch einen 1 m langen Stock, und legt ihn in die Gabel des Dreibeins.

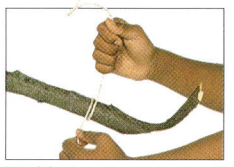

Verbindet ein Bein des Dreibeins mit dem Stock durch eine Schnur, die Ihr mit einem Schlüsselknoten sichert.

Hängt den Topf mit seinem Bügel an den Stock. Ein Stock mit gekrümmter Astgabel am Ende ist dafür ideal.

Gefahrloses Wasserkochen:

An heißer Flüssigkeit kann man sich leicht verbrühen – Ihr müßt also besonders vorsichtig sein, wenn Ihr über offenem Feuer kocht. Richtet Euer Dreibein so her, daß Ihr völlig ungefährdet über dem Lagerfeuer kochen könnt.

Seite 54 zeigt Euch den Kreuzknoten.

In die Astgabel am Stock hängt Ihr den Kochtopf.

Durch die Schnurverbindung steht das Dreibein viel sicherer.

Die Schnurverbindung zwischen dem Ast und dem Dreibein-Fuß ermöglicht es, den Ast wie einen Hebel zu benutzen.

1 Wie Ihr das Dreibein umbaut, zeigen Euch die Bilder links. Füllt den Topf halb voll mit Wasser, und hängt ihn an den Stock. Dann schwenkt ihn mit dem Topf über das Feuer.

Seite 55 erklärt Euch den Schlüsselknoten

2 Wenn das Wasser dampft, schwenkt Ihr den Stock vorsichtig vom Feuer weg. Dann hebt Ihr den Kochtopf mit einem dicken Geschirrtuch vom Stock.

Anstelle eines Geschirrtuchs könnt Ihr alles nehmen, was Hitze abweist und isoliert.

Haltet den Stock fest, wenn Ihr ihn schwenkt – dann kann er Euch nicht entgleiten.

⭐ Wenn Ihr nicht genau wißt, wie man den Topf über das Feuer schwenkt, fragt einen Erwachsenen.

Heiße Getränke

Wenn man im Freien heiße Getränke zubereitet, muß das Wasser nicht kochen: Ihr könntet euch damit verbrühen, und außerdem ist es zum Trinken ohnehin zu heiß.

⭐ Gießt das Wasser erst in den Becher, wenn es nicht mehr dampft.

1 Fertiggetränke mit Milchprodukten verrührt Ihr zuvor mit kaltem Wasser zu Brei.

2 Packt den heißen Topf mit einem Geschirrtuch. Gießt das heiße Wasser vom Körper weg vorsichtig in einen Becher.

3 Mit Umrühren löst Ihr Klumpen auf. In einer Thermosflasche bleibt das Getränk bis zum Schlafengehen warm.

Weitere Gerichte

Beim Kochen im Freien müßt Ihr berücksichtigen, daß manche Zutaten später gar werden als andere. Wenn Ihr zum Beispiel Fisch mit Kartoffeln essen wollt, müßt Ihr die Kartoffeln viel früher in die Glut legen, damit alles gleichzeitig fertig ist.

Probiert ruhig weitere Rezepte für ausgefallenes Lageressen aus.

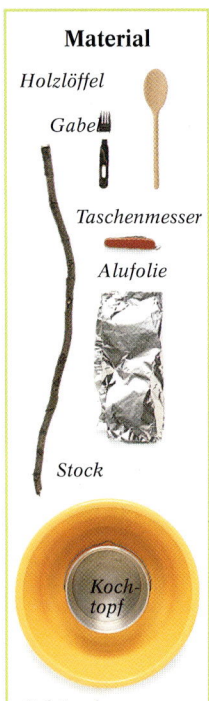

Material

Holzlöffel

Gabel

Taschenmesser

Alufolie

Stock

Kochtopf

Schüssel

Nützliche Tips

Wenn Ihr Fleisch über dem Feuer grillt, paßt auf herabtropfendes Fett auf – es macht die Flammen heißer!

Wenn Ihr vom Essen kosten wollt: Nehmt es immer erst vom Feuer und wartet, bis es nicht mehr dampft!

Buschbrot

Es hat sich im australischen Busch bewährt, da es schnell und einfach zubereitet ist.

1 Vermischt Mehl mit Wasser. Gießt das Wasser in kleinen Mengen nach, bis Teig entsteht.

Knetet den Teig im Kochtopf oder in der Schüssel.

2 Rollt den Teig mit flachen Händen, bis er die Form einer Wurst annimmt. Wenn sich der Teig klebrig anfühlt, streut Mehl darauf.

Auf Seite 26 werden Dreibein und Topfhalter gebastelt.

3 Wickelt den Teig spiralförmig um den Stock und legt ihn auf den Grill (rechte Seite). Wenn er goldbraun aussieht, ist er fertig und läßt sich leicht vom Stock lösen.

Die Spirale muß eng gewunden sein.

So bereitet Ihr Gemüse fürs Kochen über dem Lagerfeuer vor:

Wascht es sorgfältig in sauberem Wasser, bis alle Erde entfernt ist.

Mit dem Taschenmesser oder einem anderen Messer schneidet Ihr es in kleine Stücke.

Tut das Gemüse in kaltes Wasser im Kochtopf. Hängt den Topf an den Topfhalter.

Das Gemüse bleibt etwa 15 Minuten im kochenden Wasser. Mit einem scharfen Messer prüft Ihr, ob es fertig ist.

Und so bereitet Ihr eine Kartoffel fürs Backen in der Glut vor:

Wascht sie ab, und durchstecht sie rundum mit einer Gabel – sonst platzt ihre Schale.

Reibt sie mit Butter und Salz ein: Das macht ihre Schale knusprig und gibt ihr einen besonderen Geschmack.

Wickelt sie in Alufolie, und legt sie in die Glut Eures Lagerfeuers: Dort läßt sie eine Stunde lang schmoren.

Seite 52 zeigt Euch den sicheren Umgang mit dem Taschenmesser.

Gegrillter Fisch

Am besten läßt sich Fisch im Freien zubereiten, indem man ihn über dem Lagerfeuer grillt.

Auf Seite 32 lernt Ihr, einen Grill zu bauen.

1 Legt den Fisch auf den Grill und hebt ihn mit dem Dreibein vorsichtig über das brennende Feuer.

Seite 24 behandelt das Lagerfeuer.

Wenn Euch das Dreibein zu schwer ist, laßt Euch von einem Erwachsenen helfen.

Wartet mit dem Grillen, bis die Flammen des Lagerfeuers nicht mehr so hoch auflodern.

2 Behaltet den Fisch während des Grillens ständig im Auge. Wenn das Feuer nicht heiß genug ist, legt noch etwas Holz nach.

3 Wenn der Fisch gar ist, läßt er sich leicht zerteilen – meist dauert das etwa zehn Minuten. Stellt dann das Dreibein vorsichtig vom Feuer. Hebt den Fisch mit Löffel und Gabel vom Grill – er zerfällt sonst zu leicht.

Dreht den Fisch um, wenn er etwa fünf Minuten auf dem Grill war.

Menüvorschläge

Wenn Ihr im Freien lebt, müßt Ihr regelmäßig essen und trinken. Eßt tagsüber kleinere Mahlzeiten, die Euch Kraft geben, und verlegt die Hauptmahlzeit auf den Abend.

Trockenobst und Nüsse

Kandierte Früchte versorgen Euch mit viel Energie.

Kekse

Reichhaltiger Eintopf

Gebackene Kartoffel

Heißes Getränk

Orange

Müsli   *Obstsaft*   *Apfel*   *Wasser*

Schokolade

Frühstück
Es muß kräftig sein, und Ihr solltet viel dazu trinken. An kalten Tagen ist ein heißer Brei ideal.

Mittagessen
Es sollte leicht zu tragen sein wie etwa belegte Semmeln oder Müsliriegel. Süßigkeiten führen viel Energie zu.

Abendessen
Es ist warm und reichhaltig. Macht Euch über dem Lagerfeuer einen warmen Schlaftrunk.

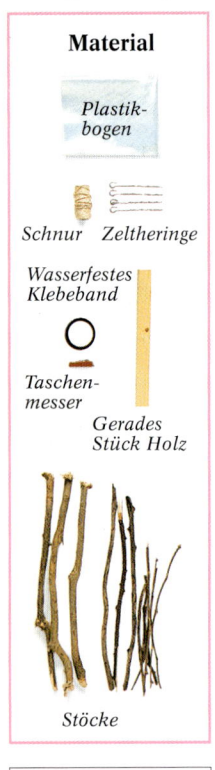

Schon die einfachsten Gegenstände machen Euch das Lagerleben bequemer.

Bau von Lagergerät

Campinggeräte wie Hocker oder Grill sind zwar sehr bequem, aber zu sperrig und zu schwer, um sie mitzuschleppen: Wenn Ihr es versteht, sie aus der Natur anzufertigen, habt Ihr weniger zu tragen. Wenn Ihr Euch die Geräte auf diesen Seiten gebaut habt, versucht doch mal, weitere nützliche Dinge herzustellen.

Material

Plastik-bogen

Schnur   Zeltheringe

Wasserfestes Klebeband

Taschen-messer

Gerades Stück Holz

Stöcke

Nützliche Tips

Schneidet die Spitzen des Lagerhockers flach – so sitzt Ihr bequemer.

Stellt den Fußab-treter beim Zelt auf: Dann erinnert er Euch daran, ihn vor Betreten des Zelts auch wirklich zu benutzen.

Lagergrill

Nehmt das Dreibein von Seite 26 und bastelt Euch daraus einen Grill, auf dem Ihr Essen über dem Lagerfeuer zube-reiten könnt.

1 Befestigt drei Stöcke unten am Dreibein mit dem Bockschnürbund (rechts).

Auf Seite 57 wird der Bockschnürbund erklärt.

Auf dem Grill könnt Ihr auch Nahrung trocknen – Fisch zum Beispiel.

Sucht etwa 50 cm lange Stöckchen.

2 Auf diese drei am Dreibein befestig-ten Stöcke legt Ihr kleinere Stöcke: Sie bilden den Grill.

Brecht die Stöckchen zur richtigen Länge.

3 Legt die Stöcke dicht nebeneinander. Nehmt dafür grüne Stöck-chen – die bren-nen nicht so leicht.

Ihr könnt Fisch, Buschbrot und Würst-chen auf dem Grill zubereiten.

Weitere Hinweise zum Bau des Grills:

Befestigt ein Stöckchen etwa 50 cm über der Erde an einem Bein des Dreibeins.

Das andere Ende befestigt Ihr an einem anderen Bein; so macht Ihr es auch mit den anderen beiden Stöckchen.

Die Stöckchen müssen gerade sein – krumme Stöckchen ergeben keinen guten Grill.

Für kleinere Nahrungs-mittel legt Ihr die Stöck-chen rechtwinklig übereinander.

Und so baut Ihr
den Sitz des Hockers
aus Plastik und
Klebeband:

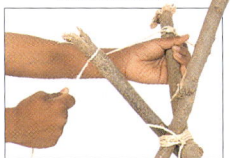

Verbindet die Stock-
enden so fest mit
Schnur, daß sie später
Euer Gewicht trägt.

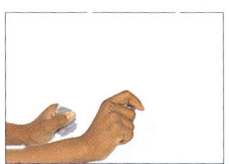

Faltet die Plastikplane
dreieckig zusammen;
faltet sei dann ein
zweites Mal.

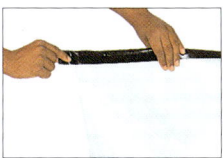

Versiegelt die offenen
Seiten der Plastik mit
starkem, wasserfestem
Klebeband.

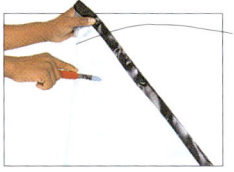

Stecht mit dem Taschen-
messer an jeder Ecke vor-
sichtig ein Loch in die
erste Lage des Plastik-
sitzes.

Lagerhocker

Ihr müßt nur den Sitz des Hockers
mitbringen – die Beine könnt Ihr
draußen im Freien anfertigen.

1 Nehmt drei etwa 1 m lange,
kräftige Stöcke, und bindet sie
mit Schnur zusammen. Wickelt die
Schnur mehrfach um die Beine,
und sichert sie mit einem
Kreuzknoten. Drückt dann
die Beine auseinander.

Auf Seite 54
findet Ihr
den Kreuz-
knoten erklärt.

*Drückt die Beine
auseinander.*

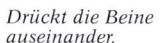

*Drückt die oberen Enden
der Beine so weit nach
außen, wie möglich.*

2 Wickelt ein Stück Schnur um das
obere Ende eines Beins, und macht
einen Kreuzknoten. Wickelt die
Schnur nun um das obere Ende eines
zweiten Beins, und macht einen
Schlüsselknoten. Verbindet so auch
das dritte Bein. Wickelt die Schnur
dann wieder um das erste Bein,
und macht einen weiteren
Kreuzknoten.

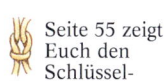
Seite 55 zeigt
Euch den
Schlüssel-
knoten

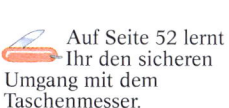
Auf Seite 52 lernt
Ihr den sicheren
Umgang mit dem
Taschenmesser.

*Schiebt die oberen
Enden des Dreibeins
in die Plastikplane.*

3 Legt die Plastikplane über das
Dreibein. Stellt sicher, daß die
oberen Enden der Beine in die
drei Löcher (links) passen:
Das gibt dem Hocker
Standfestigkeit, wenn
man darauf sitzt.

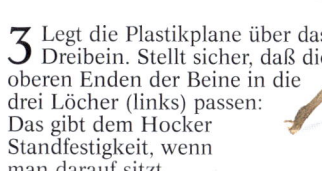

Fußabtreter

Mit einem Fußabtreter haltet Ihr Eure Schuhe
sauber – und damit auch Euer Zelt.

1 Sucht Euch ein gerades
Stück Holz. Es muß oben
recht dünn sein, damit Ihr
Eure Schuhe daran abstreifen
könnt.

2 Rammt vier Zeltheringe –
zwei an jeder Seite – in den
Boden, um das Stück Holz auf-
recht zu halten. Statt der Heringe
könnt Ihr auch Stöcke nehmen.

3 Zieht Eure Schuhsohlen
über das Holz: So streift
Ihr den Schmutz ab.

Versorgung mit Wasser

Wasser zu finden ist draußen enorm wichtig: Ihr braucht es zum Trinken, Kochen und Waschen. Abgesehen von Regenwasser, das direkt vom Himmel kommt, kann man nie wissen, ob das vorgefundene Wasser auch sauber oder keimfrei ist – Ihr müßt also die hier gezeigten Techniken lernen, um sicherzustellen, daß Euer Wasser sauber ist.

Eine Möglichkeit der Trinkwasserzubereitung ist das Abkochen.

Material

Wasserflasche

Saubere Socke

Schnur

Zeltboden

Stöcke

Steine

Nützliche Tips

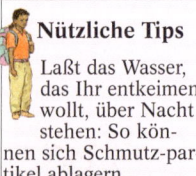

Laßt das Wasser, das Ihr entkeimen wollt, über Nacht stehen: So können sich Schmutz-partikel ablagern.

Ihr müßt stets ausreichend Trinkwasser zur Hand haben. An heißen Tagen oder auf langen Touren nehmt mehrere Wasserflaschen mit.

Wasser entkeimen

Wenn Ihr keine Entkeimungstabletten dabeihabt, folgt diesen Anweisungen:

Seite 26 zeigt Euch, wie Dreibein und Topfhalter angefertigt werden.

1 Hängt die Socke an den Topfhaken, und stellt die Schüssel darunter. Filtert jetzt Euer Wasser, indem Ihr es durch die Socke in die Schüssel laufen laßt.

2 Gießt das angesammelte Wasser anschließend in Euren Kochtopf.

3 Hängt den Kochtopf an den Topfhaken. Hebt das Dreibein vorsichtig über das Lagerfeuer. Bringt das Wasser zum Kochen, und laßt es mindestens noch zwei Minuten weiterkochen. Wenn das Feuer schwächer geworden ist und das Wasser sich abgekühlt hat, hebt das Dreibein vom Feuer: Jetzt könnt Ihr das keimfreie Wasser in Euren Wasserbehälter gießen.

Und so verfahrt Ihr mit handelsüblichen Entkeimungstabletten:

Tut die Tablette in Eure Wasserflasche – dabei nehmt Ihr eine Tablette pro halben Liter Wasser.

Laßt das Wasser eine Stunde stehen: Jetzt löst die Tablette sich auf und reinigt das Wasser.

★ Wenn Euer Dreibein zu schwer ist, laßt Euch von einem Erwachsenen helfen.

Wasser auffangen

Regenwasser ist das sauberste natürliche Wasser. Fangt es noch während des Schauers mit diesem Wassersammler auf.

Die Stöcke heben den Zeltboden in die Höhe.

1 Legt den Zeltboden flach aus. Macht an einer Seite in der Mitte ein kleines Loch. Befestigt ein Stück Schnur mit einem Ende an diesem Loch und mit dem anderen an einem schweren Stein (rechts).

Befestigt an jeder Ecke des Zeltbodens mit einem Stück Schnur einen schweren Stein.

Macht vorn in der Mitte ein Loch.

Nehmt für die Rückseite die längeren Stöcke.

Nehmt für die Vorderseite die kürzeren Stöcke.

2 Mit den Stöcken hebt Ihr die Ecken des Zeltbodens in die Höhe: Zieht die Steine nach außen, bis die Stöcke sich aufrichten.

Durch dieses Loch wird kein Stock gesteckt.

Rechts seht Ihr, wie man die Schnur verkürzt.

Die längeren Stöcke bewirken, daß das Regenwasser sich vorn sammelt.

Fangt das Regenwasser während des Schauers auf.

3 Verlegt die Steine, bis die Stöcke gerade stehen. Stellt die Schüssel unter die tiefste Stelle vorn in der Mitte, um das Regenwasser aufzufangen.

Das Gewicht des Steins bewirkt, daß die Vorderseite durchhängt.

Weitere Hinweise für den Bau des Wassersammlers:

Führt durch jedes Loch ein Stück Schnur, sichert es mit einem Schlüsselknoten.

Wickelt die Schnur einmal so um den Stein, macht dann einen Kreuzknoten.

Steckt in jedes Loch des Zeltbodens einen Stock – aber weitet dabei die Löcher nicht aus.

Verkürzt die Schnur, indem Ihr sie um den Stein wickelt, bis sie die gewünschte Länge hat.

Auf Seite 54 seht Ihr den Kreuzknoten, auf Seite 55 den Schlüsselknoten.

Wasser aufbewahren

Nachdem Ihr das Wasser aufgefangen und entkeimt habt, müßt Ihr es irgendwie aufbewahren. Einen Großteil Eures Wassers hebt Ihr in einem Behälter im Schatten auf. Auf Wanderungen benutzt Ihr Eure Wasserflasche dafür – verwendet sie ausschließlich für Wasser, und reinigt sie regelmäßig.

Faltbare Wasserbehälter lassen sich leicht im Rucksack verstauen.

Nehmt eine Wasserflasche mit Halterung – dann könnt Ihr sie am Gürtel festmachen.

Umgang mit dem Kompaß

Der Kompaß ist beim Leben im Freien sehr wichtig: Er hilft Euch, die gewünschte Richtung einzuschlagen – zu navigieren –, durch unterschiedliche Geländeformen zu wandern und zum Ziel zu gelangen. Wer keinen eigenen Kompaß hat, kann sich einen machen – siehe Seite 37.

Mit dem Kompaß kann man sich im Gelände zurechtfinden.

Material

Kompaß

Wasserfester Stift

Korken

Taschenmesser

Nadel

Magnet

Teller

Nützliche Tips

Ein Kreis hat 360 Grad (°). Norden liegt bei 0°, Osten bei 90°, Süden bei 180° und Westen bei 270°.

Hängt Euch den Kompaß mit einer Kordel um den Hals – dann ist er stets zur Hand, wenn er gebraucht wird.

Marschrichtung feststellen

Peilungen weisen uns die Richtung, in die wir gehen müssen, um zu einem angepeilten Objekt zu kommen.

1 Legt den Kompaß auf eine feste und waagerechte Unterlage. Wenn Ihr Dinge anpeilt, müßt ihr ihn immer an derselben Stelle lassen – Ihr müßt ihn nur drehen.

2 Stellt Euch Dinge um den Kompaß. Schaut Euch den Winkelkompaß auf Seite 37 an: Dort werden die Einzelteile erklärt.

Die Ziffern auf der Kompaßrose entsprechen den 360° eines Kreises.

Übt das Anpeilen an verschiedenen Objekten.

3 Richtet den Richtungspfeil auf das erste Objekt. Dreht die Kompaßrose so, daß der blaue Pfeil über dem roten Nordpfeil liegt. Rechts wird erklärt, wie man dann die Marschrichtung bekommt.

Die Peilung hier beträgt 250°: Das ist ungefähr Westen.

Weitere Hinweise für das Feststellen der Marschrichtung:

Der Kompaß ist magnetisch, also darf man ihn nicht in der Nähe von Metall benutzen.

Legt den Kompaß so, daß sein Richtungspfeil auf das erste Objekt zeigt.

Der blaue Pfeil – über dem roten – zeigt jetzt auf Nord, der Richtungspfeil auf Euer Objekt.

Unter dem Ende des Richtungspfeils findet Ihr auf der Kompaßrose ein Zahl: Das ist Eure Marschrichtung.

Und so magnetisiert Ihr eine Nadel, damit sie nach Norden zeigt:

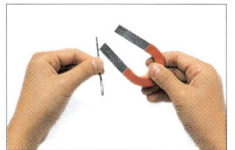

Haltet die Nadel mit dem Nadelöhr nach unten und streicht mit dem Magnet darüber.

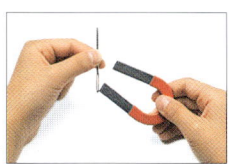

Streicht immer von oben nach unten über die Nadel: Das macht sie magnetisch.

Schneidet mit dem Taschenmesser vorsichtig ein Stück von einem Korken ab, und folgt dann den Anweisungen rechts.

Auf Seite 52 übt Ihr den sicheren Umgang mit dem Taschenmesser.

Kompaß anfertigen

Es gibt viele Möglichkeiten, die Richtung festzustellen – aber die einfachste ist, das natürliche Magnetfeld der Erde zu benutzen. Eine magnetisierte Nadel verhält sich wie eine Kompaßnadel: Sie pendelt sich auf magnetisch Nord ein.

1 Schiebt die magnetisierte Nadel vorsichtig seitwärts durch die Korkscheibe. Wenn der Kork zu hart ist, bittet einen Erwachsenen um Hilfe.

Vorsicht: Stecht Euch nicht in die Finger!

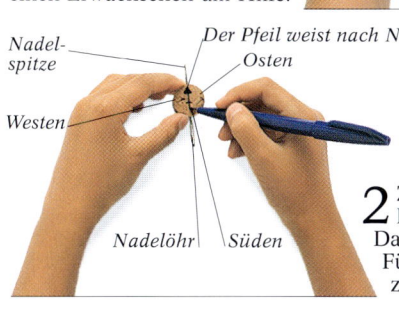

Nadelspitze

Der Pfeil weist nach Norden

Osten

Westen

Nadelöhr

Süden

Benutzt einen wasserfesten Stift – er löst sich im Wasser nicht auf.

2 Zeichnet einen Pfeil an der Nadelspitze auf die Scheibe: Das ist Eure Nordmarkierung. Für Osten, Süden und Westen zeichnet Punkte auf die Scheibe.

3 Füllt den Teller mit Wasser und stellt ihn auf eine waagerechte Unterlage. Legt die Korkscheibe auf das Wasser. Sobald das Wasser sich beruhigt hat, wird die Nadel sich auf Nord einpendeln.

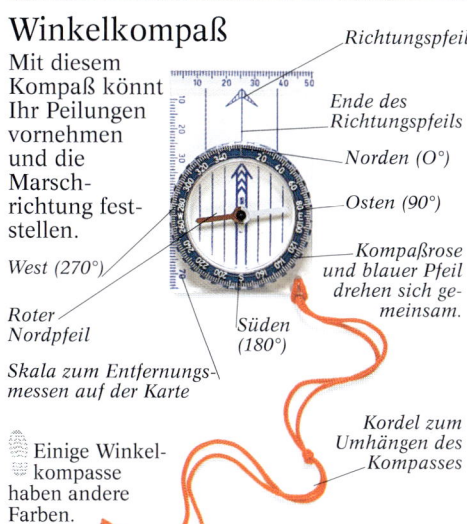

Überprüft mit einem handelsüblichen Kompaß, ob die Nadel tatsächlich nach Norden zeigt.

Winkelkompaß

Mit diesem Kompaß könnt Ihr Peilungen vornehmen und die Marschrichtung feststellen.

West (270°)

Roter Nordpfeil

Skala zum Entfernungsmessen auf der Karte

Einige Winkelkompasse haben andere Farben.

Richtungspfeil

Ende des Richtungspfeils

Norden (O°)

Osten (90°)

Kompaßrose und blauer Pfeil drehen sich gemeinsam.

Süden (180°)

Kordel zum Umhängen des Kompasses

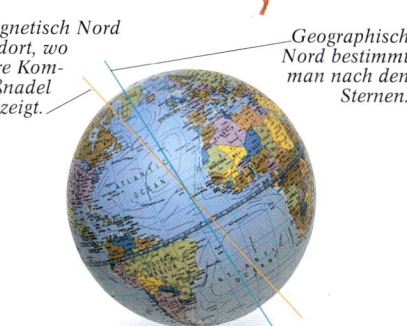

Magnetisch Nord ist dort, wo Eure Kompaßnadel hinzeigt.

Geographisch Nord bestimmt man nach den Sternen.

Wo ist Norden?

Es gibt drei Arten der Nordbestimmung: Geographisch Nord sucht man nach den Sternen, und magnetisch Nord liegt dort, wo die Kompaßnadel hinzeigt – Gitternord findet man nur auf den Gitternetzen von Karten; es liegt zwischen geographisch und magnetisch Nord.

Lernt Kartenlesen: Dann findet Ihr Euch immer zurecht.

Kartenlesen

Eine Karte zeigt die Lage eines Objekts und die Art des Geländes an. Um eine Karte zu lesen, schaut Euch mal nach auffälligen Bezugspunkten wie Straßen, Flüssen oder Wäldern um. Dann dreht die Karte solange, bis sich diese Punkte mit denen decken, die Ihr sehen könnt: Jetzt könnt Ihr sogar genau feststellen, wo Ihr seid.

Material

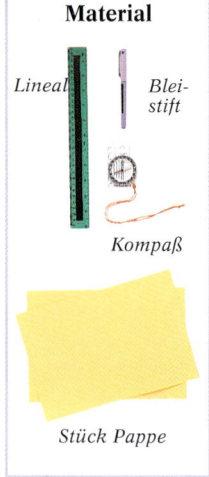

Lineal

Bleistift

Kompaß

Stück Pappe

Nützliche Tips

Die Gitterlinien einer Karte haben immer den gleichen Abstand. Wenn Ihr wißt, welche Entfernung dieser Abstand zwischen den Gitterlinien darstellt, könnt Ihr auch andere Entfernungen recht schnell bestimmen.

Die vertikalen oder senkrechten Gitterlinien zeigen immer nach Norden.

Bei steilen Bergen liegen auf den Karten viele Höhenlinien eng beieinander. Bei flachen Abhängen liegen sie weiter auseinander.

Eine Karte lesen

Alle Karten haben Symbole oder Zeichen für die Geländebeschaffenheit. Unter »Zeichenerklärung« (unten) steht, was all diese Symbole bedeuten.

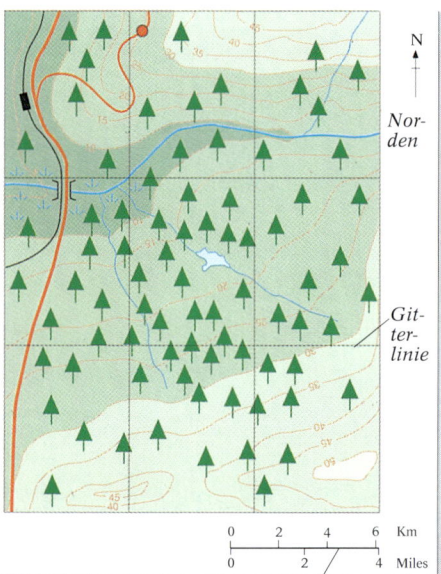

N

Norden

Gitterlinie

0   2   4   6 Km
0   2   4 Miles

Hier wird der Maßstab angegeben: 2 cm auf der Karte = 2 km in der Natur.

Zeichenerklärung
Die Symbole unten erklären die Karte oben. Schaut sie Euch an, und versucht, die Karte zu verstehen – zu »lesen«.

Ortschaft

Straße

Bahnhof

Bahnstrecke

Wald

Höhenlinie

Fluß

See

Moor

Brücke

Höhenlinien-, dreidimensionale, Straßen- und Verkehrskarten

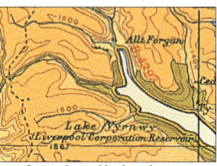

Auf Höhenlinienkarten verbinden die farbigen Linien Punkte gleicher Höhe: Sie zeigen das Auf und Ab der Landschaft.

Diese dreidimensionale Karte stellt ein kleines Gebiet sehr genau dar: Sie eignet sich besonders für Rundgänge.

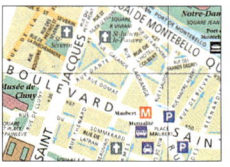

Straßenkarten benutzt Ihr in bebautem Gelände: Sie helfen Euch, zum Ziel zu kommen.

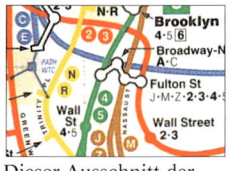

Dieser Ausschnitt der New Yorker U-Bahn-Verbindungen ist nicht maßstabsgetreu: Er zeigt nur, wie die Züge fahren.

Eine Karte anfertigen

Und so zeichnet Ihr eine Karte von Eurer Gegend:

Folgt diesen Anweisungen, und macht Euch eine eigene Karte von Eurer Umgebung.

Seite 37 zeigt Euch die Einzelteile eines Kompasses.

Für das Gitternetz zeichnet Ihr im Abstand von je 4 cm gerade waagerechte und senkrechte Linien.

1 Zeichnet ein Gitternetz, tragt einen Nordpfeil neben den senkrechten Linien und ein Kreuz in der Mitte des Blattes ein. Legt den Kompaß auf das Kreuz und dreht die Karte solange, bis die senkrechten Linien parallel zum roten Nordpfeil des Kompasses liegen.

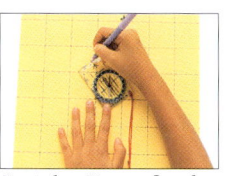

Legt den Kompaß auf das Kreuz, und dreht ihn so, daß er auf das erste Objekt zeigt.

Zeichnet auch Objekte ein, die neben und hinter Euch liegen – nicht nur die vor Euch.

Für genaues Entfernungsmessen setzt Ihr die Füße immer ganz dicht voreinander.

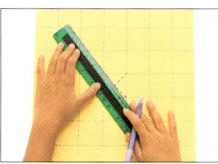

Macht am Richtungspfeil einen Punkt. Verbindet Kreuz und Punkt mit einem Lineal, und meßt den Abstand: 8 cm.

2 Den Richtungspfeil auf das erste Objekt gerichtet, bittet einen Freund, die Entfernung mit den Füßen abzumessen. Aber vergeßt dabei das Zählen nicht!

Einen Wald stellt Ihr dar, indem Ihr mehrere Baumsymbole nebeneinander einzeichnet.

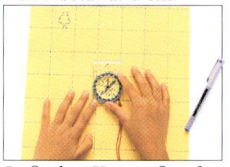

Laßt den Kompaß auf seinem Kreuz, und dreht den Richtungspfeil auf das zweite Objekt.

3 Erfindet einen Maßstab: Fünf Fußlängen entsprechen 4 cm auf der Karte – wenn also der Freund zehn Füße bis zum Objekt brauchte, ist es auf Eurer Karte 8 cm vom Kreuz entfernt (links).

Um den Maßstab noch genauer zu machen, meßt die Füße des Entfernungsmessers. Wenn sie 20 cm lang sind, sind fünf Füße 1 m – und das sind 4 cm auf Eurer Karte!

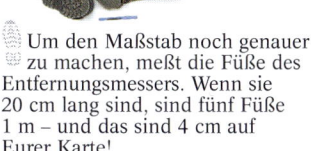

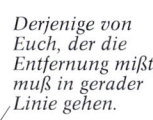

Wählt Euch Objekte aus, die aus der Entfernung leicht zu erkennen sind.

Macht das mit weiteren Objekten, bis Ihr alle wichtigen Punkte dieser Gegend aufgezeichnet habt.

Derjenige von Euch, der die Entfernung mißt, muß in gerader Linie gehen.

Vergeßt nicht, Eure Karte mit Entfernungsskala und Zeichenerklärung zu versehen.

4 Meßt jetzt die Entfernung zum zweiten Objekt, und geht genauso vor wie beim ersten Objekt. Meßt die Entfernung immer von dem Platz aus, wo der Kartenzeichner sitzt.

Schützt Eure Karte mit einem wasserdichten Umschlag.

Zurechtfinden im Gelände

Wenn Ihr mit Karte und Kompaß umgehen könnt, könnt Ihr genau feststellen, wo Ihr seid und wie Ihr Euer Ziel erreicht. Eine Streckenkarte kann Euch dabei helfen: Mit ihr könnt Ihr abschätzen, wie lange Ihr bis zu Eurem Ziel unterwegs sein werdet, und Ihr könnt darauf festhalten, worauf Ihr unterwegs besonders achten müßt.

Material

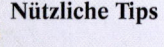

Stück Pappe

Stift   Wasserfestes Klebeband

Kompaß   Schnur

Plastikbogen

Nützliche Tips

Bevor Ihr zu einer Tour aufbrecht, sagt Bescheid, wohin Ihr wollt und wann Ihr zurück sein werdet.

In ebenem Gelände könnt Ihr etwa 5 km in einer Stunde zurücklegen – bergauf oder in hügeligem Gelände braucht Ihr mehr Zeit.

Überprüft alle 30 Minuten Eure Marschrichtung.

Eine Streckenkarte anlegen

Markiert Eure Route auf einem Stück Pappe oder Karton, wie unten beschrieben.

1 Legt eine Ecke der Karte an den Ausgangspunkt – hier ist es der Bahnhof. Übertragt das Bahnhofssymbol auf die Karte und zieht eine Linie zum nächsten Punkt Eurer Route.

2 Dreht die Karte so, daß dann ein weiterer Punkt Eurer Route anliegt. Wenn die Strecke nicht gerade verläuft, legt die Karte an den ersten Punkt, wo die Route abknickt. Markiert diesen Punkt auf der Karte und folgt den Anweisungen rechts.

3 Wenn Ihr alle Punkte der Route auf Eurer Streckenkarte markiert habt, legt ihre Kante an die Maßstabsskala der Karte. Teilt die Route in Kilometer-Abschnitte auf.

Weitere Hinweise für Eure Streckenkarte

Dreht die Streckenkarte so, daß der letzte und der nächste Punkt, den Ihr aufnehme wollt, an ihrer Kante anliege

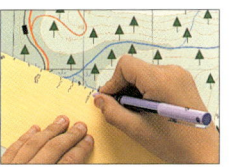

Wenn Eure Route Höhenlinien kreuzt, notiert das: Hier ändert sich die Höhe des Geländes.

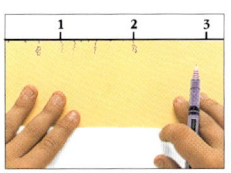

Versucht anhand der eingezeichneten Kilometer, die Dauer Eurer Tour abzuschätzen.

Mit der Streckenkarte stellt Ihr auch sicher, daß Eure Tour nicht länger wird, als Ihr geplant habt.

Tragt auch alle Sehenswürdigkeiten ein, die Ihr unterwegs anschauen möchtet.

Und so macht Ihr eine Schutzhülle aus Plastik, Bindfaden und Klebeband:

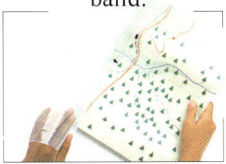

Schneidet den Bogen so zurecht, daß er gefaltet Eure zusammengefaltete Karte bequem aufnimmt.

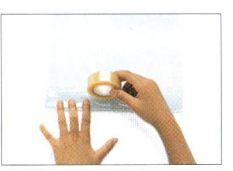

Schlagt eine Seite des Bogens um, und klebt sie mit dem Klebeband zu. Macht zwei Löcher in diese Kante.

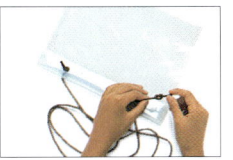

Fädelt die Schnur durch die beiden Löcher, und macht einen Schlüsselknoten in jedes Ende.

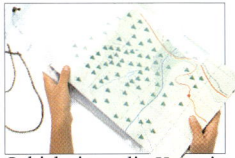

Schiebt jetzt die Karte in die Hülle. Schlagt auch die andere Seite des Bogens um, und verschließt sie mit Klebeband.

Mit der Schnur könnt Ihr Euch die Schutzhülle um den Hals hängen. Mit einem weiteren Schlüsselknoten könnt Ihr sie verkürzen.

Den Schlüsselknoten findet Ihr auf Seite 55.

Umgang mit Karte, Kompaß und Streckenkarte.

Wenn Ihr unbekanntes Gelände durchquert, überprüft Eure Marschrichtung regelmäßig, indem Ihr Kompaßpeilungen vornehmt. Eure Karte hilft Euch dabei, auffallende Punkte im Gelände zu finden; im übrigen folgt Ihr Eurer Streckenkarte.

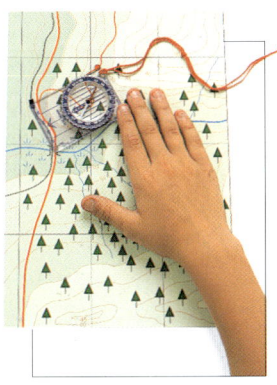

1 Legt den Kompaß über den Punkt auf der Karte, wo Ihr Euch befindet.

Auf Seite 37 sind die Kompaß-Einzelteile erklärt.

Blauer Richtungspfeil

Kompaßrose

2 Haltet den Kompaß auf der Karte waagerecht, und dreht die Kompaßrose so, daß der blaue Richtungspfeil parallel zu den senkrechten Gitterlinien liegt.

Roter Nordpfeil

3 Dreht jetzt die Karte so, daß der rote Nordpfeil sich mit dem blauen Richtungspfeil deckt. Bestimmt dann die Marschrichtung oder Peilung zum nächsten Punkt, den Ihr anlaufen wollt – dem ersten Punkt auf Eurer Streckenkarte.

Seite 36 zeigt Euch, wie man die Marschrichtung bestimmt.

4 Nun dreht Euch in die Richtung, in die Ihr gehen wollt. Haltet diesen Punkt auf der Karte vor Euch, und benutzt den Kompaß, um die Marschrichtung einzuhalten. Dabei müssen der rote Nordpfeil und der blaue Richtungspfeil stets in die gleiche Richtung zeigen.

Wenn Ihr Euer Ziel nicht in gerader Linie erreichen könnt, bestimmt die Marschrichtung jedesmal neu, wenn Ihr einen Umweg gehen müßt.

Nutzt die Natur und Euren Orientierungssinn zum Zurechtfinden.

Orientieren nach Sonne und Sternen

Auch ohne Karte und Kompaß könnt Ihr die Marschrichtung bestimmen, indem Ihr Euren natürlichen Orientierungssinn, die Sterne und die Sonne benutzt. Ob Ihr auf der nördlichen oder der südlichen Halbkugel der Erde lebt: Folgt den Techniken, die hier erklärt werden, wenn Ihr im Freien unterwegs seid.

Material

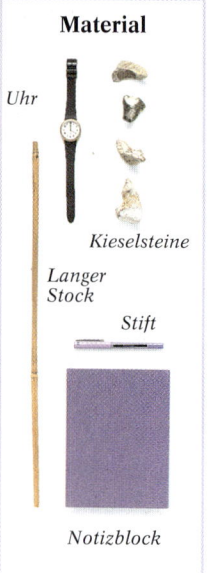

Uhr

Kieselsteine

Langer Stock

Stift

Notizblock

Nützliche Tips

Die sieben Sterne, die Rumpf und Schwanz des Großen Bären bilden, nennt man auch Jagdhunde.

Ein Sternbild ist eine Gruppe von Sternen. Das Kreuz des Südens und der Große Bär – beide sind Sternbilder.

Das Kreuz des Südens liegt in dem nebligen Band, das man Milchstraße nennt.

Auf der nördlichen Halbkugel

Anhand der Jagdhunde könnt Ihr herausfinden, wo Norden ist. So sieht der Nachthimmel am 1. Januar um Mitternacht aus – jedes Jahr.

Großer Bär

Kassiopeia

Polarstern

Jagdhunde

Kleiner Bär

Kepheus

Nördliche Krone

Jagdhunde
Die beiden Sterne am Ende der Meute zeigen auf einen hellen Fixstern, den man Polarstern nennt: Er zeigt Euch, wo Norden ist.

Auf der südlichen Halbkugel

Das Kreuz des Südens zeigt Euch, wo Süden ist. Dieses Bild zeigt, wie der Himmel jedes Jahr am 1. Juni um Mitternacht aussieht.

Kentaur

Pfau

Kreuz des Südens

Südlicher Fisch

Kranich

Tukan

Segel des Schiffes

Kreuz des Südens
Verbindet die vier Sterne gedanklich mit zwei Linien. Verlängert die längere Linie bis hinab zum Horizont: Süden liegt etwas links von diesem Schnittpunkt.

Navigation nach der Sonne

Die Sonne geht immer im Osten auf und im Westen unter – damit könnt Ihr die wichtigsten Himmelsrichtungen bestimmen. Wenn Ihr Euch eine Sonnenuhr macht, wird das noch genauer.

Rammt den Stock fest in den Boden.

1 Steckt frühmorgens einen Stock in den Boden: Er wirft einen Schatten – markiert das Ende dieses Schattens mit einem Stein. Der Schatten zeigt nach Westen, da die Sonne im Osten aufgeht.

Nehmt einen geraden Stock – der wirft auch einen geraden Schatten.

2 Markiert mehrmals am Tag das Ende des Schattens. Am Nachmittag bewegt sich die Sonne weiter nach Westen – und ihr Schatten wandert nach Osten.

Der Schatten ergibt eine gekrümmte Linie, da sich die Sonne am Himmel entlangbewegt hat.

3 Verbindet am späten Nachmittag den ersten und den letzten der niedergelegten Steine mit einer geraden Linie: Diese Linie zeigt genau Ost-West. Zieht jetzt im rechten Winkel dazu eine weitere Linie: Diese Linie zeigt Nord-Süd.

Linie Ost-West

Linie Nord-Süd

Und so bestimmt Ihr, wo Osten, Westen, Norden und Süden liegen.

Ost

West

Nehmt die Ost-West-Linie, und dreht Euch nach Osten: Norden liegt jetzt links.

Nord

Süd

Süden liegt jetzt rechts von Euch – dem Norden immer genau gegenüber.

Je näher Ihr Euch am Äquator aufhaltet, um so kürzer wird Euer Schatten. Dies liegt daran, daß die Sonne nicht schräg, sondern unmittelbar über dem Äquator steht.

Navigation nach der Uhr

Mit einer Uhr und der Sonne könnt Ihr recht genau bestimmen, wo Norden und Süden sind.

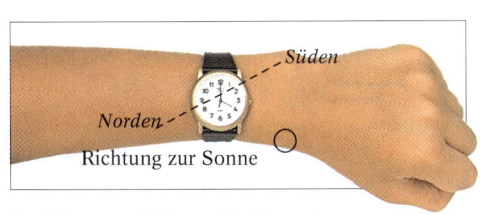

Süden

Norden

Richtung zur Sonne

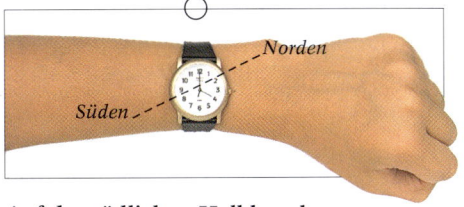

Richtung zur Sonne

Norden

Süden

Auf der nördlichen Halbkugel
Richtet den Stundenzeiger auf die Sonne: Süden liegt genau in der Mitte zwischen dem Stundenzeiger und der 12-Uhr-Position.

Auf der südlichen Halbkugel
Richtet die 12-Uhr-Position auf die Sonne: Norden liegt genau zwischen der 12-Uhr-Position und dem Stundenzeiger.

Zeichen und Signale

Wege zu markieren und Botschaften zu hinterlassen sind Fähigkeiten, die Ihr beim Leben im Freien braucht: Damit könnt Ihr anderen übermitteln, was Ihr tut und ob Ihr etwas benötigt. Wenn Ihr ohne Karte unterwegs seid, müßt Ihr den Weg kennzeichnen, damit Eure Freunde wissen, wohin Ihr gegangen seid – und Ihr den Weg auch zurückfindet.

Markiert den Weg mit natürlichem Material, das Ihr mit Euren Freunden abgesprochen habt.

Material

Ausgewählte Blätter

Äste und Zweige

Gräser

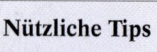

Bestimmte Steine

Nützliche Tips

Nehmt Blätter, Äste oder Zweige, die schon am Boden lagen.

Macht die ersten Zeichen leicht, die späteren schwerer zu finden.

Schreibt Flaggensignale zunächst nur mit, und entschlüsselt sie erst später.

Fährtenzeichen

Benutzt natürliches Material, von dem nur Eure Freunde wissen: Zerreißt ein Blatt oder knickt einen Zweig.

1 Bevor Ihr aufbrecht, verabredet ein paar Standardzeichen, wie »nach links«, »nach rechts«, »geradeaus weiter«, »soundso viele Schritte« und »gesperrt«.

Erklärt Euren Freunden vor dem Aufbruch die Zeichen!

Wenn Eure Freunde einem Weg nicht folgen sollen, setzt das Zeichen »gesperrt«.

Mehrere Zeichen zusammen können Eure Anweisungen noch verständlicher machen.

Auch das Zeichen »weiter so« ist hilfreich.

2 Wenn sich der Weg teilt, hinterlaßt klare Zeichen, welchen Weg Ihr genommen habt – sonst laufen Eure Freunde in die falsche Richtung.

Das Zeichen »umdrehen« sagt Euren Freunden, daß sie auf der falschen Fährte sind.

Und so könnten Eure Zeichen aussehen:

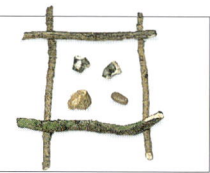

Macht mit vier Zweigen ein Quadrat und legt Steine hinein: Jeder Stein kann dann einen Schritt bedeuten

Bildet aus drei Stöcken oder Zweigen einen Pfeil: Die Pfeilspitze zeigt in Marschrichtung.

Zwei weitere Äste oder Zweige an diesem Pfeil bedeuten »umdrehen«.

Ein Kreuz bedeutet gewöhnlich »nein« – Ihr könnt es für »gesperrt« verwenden.

Weitere
Zeichen für
Eure Fährte:

Legt einen Stock in eine
Astgabel: Das Blatt an
dem einen Ende zeigt in
die gewünschte Richtung.

Macht in ein Grasbü-
schel einen Knoten und
legt die Blütenenden in
die Richtung, die Ihr
genommen habt.

Steckt einen Zweig
durch ein Blatt; es
bedeutet »weiter so« –
das muntert auf, wenn
die Tour sehr lang ist.

Ein Blatt zwischen
zwei Steinen oder
Kieseln könnte be-
deuten »versteckter
Schatz«.

Dieses Zeichen ist sehr
wichtig; es bedeutet
»Ende der Tour«. Dafür
könnt Ihr Steine, Kiesel
oder Blätter benutzen.

Übt Eure Fährten-
zeichen und Flaggen-
signale, bevor Ihr auf
Tour geht.

3 Legt Eure Zeichen
neben dem Weg aus:
Dort macht sie niemand kaputt.
Achtet darauf, daß Eure Symbole
auffallen – wenn nicht, übersieht
man sie zu leicht.

*Aus einem zerbrochenen
Stock könnt Ihr das Zeichen
»umdrehen« formen.*

*Dreht die Blätter um
– das macht sie noch
auffälliger.*

4 Ihr
müßt
auch ein
Zeichen für das
Ende der Tour
haben, sonst wissen
Eure Freunde nicht,
wann sie heimgehen
müssen!

*Verknüpftes
Gras bedeutet
»geradeaus
weiter«.*

Flaggensignale

Flaggensignale eigenen sich gut dafür, Euren
Freunden Botschaften zu übermitteln, wenn sie
weit weg sind. Einigt Euch auf Signale, die leicht
zu verstehen sind, und sendet die Signale stets
langsam – es ist schwie-
riger, die Signale auf-
zunehmen, als sie zu
senden.

Ihr müß auch
die Signale
»nochmal sen-
den«und »ver-
standen« haben.

*Stellt Euch
dort auf, wo
Ihr gut ge-
sehen werdet.*

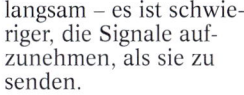

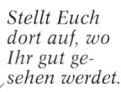

*Einfache
Signale können
Buchstaben
oder ganze
Wörter
bedeuten.*

*Befestigt
Eure Flagge
an einem
Stock.*

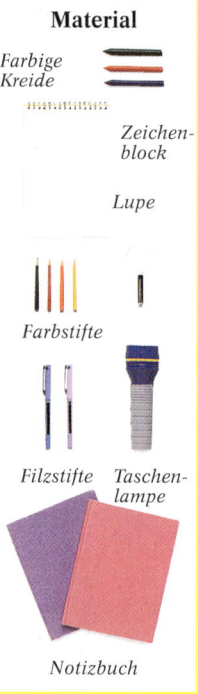

Selbst die Rinde von Bäumen kann Euch etwas über das Umfeld verraten.

Beobachten von Pflanzen

Jede Pflanze braucht ein besonderes Umfeld. Wenn Ihr wißt, was die Pflanzen in Eurer Umgebung bevorzugen, könnt Ihr so manches daraus ablesen – ob es hier eher naß oder trocken ist, und ob es hier Insekten oder andere Tiere gibt.

Material

Farbige Kreide

Zeichen-block

Lupe

Farbstifte

Filzstifte   Taschen-lampe

Notizbuch

Sonnenblume   Königskerze

Distel   Weiden-röschen

Bärenklau

Schaf-garbe

Iris

Wilder Fenchel

Schöne Blumen

Blühende Pflanzen brauchen viel Wasser: Wenn sie matt und verwelkt aussehen, hat es wahrscheinlich schon länger nicht mehr geregnet.

Getreide

Kakteen lieben es heiß und trocken.

Ausgefallene Blumen

Selbst Gräser und Kakteen blühen. Das Getreide oben findet man fast überall auf der Erde.

Nichtblühende Pflanzen

Moose, Farne und Flechten blühen nicht. Sie alle lieben es feucht. Moos wächst auf der Schattenseite von Felsen, Hügeln und Baumstämmen, Flechten bevorzugen die Sonnenseite.

So preßt man Blätter zum Aufbewahren:

Wählt Euch einige Blätter aus. Legt sie in ein Notizbuch mit saugfähigem Papier.

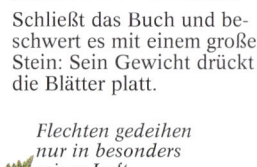

Laßt dabei Platz für die Beschriftung mit Namen und Herkunft.

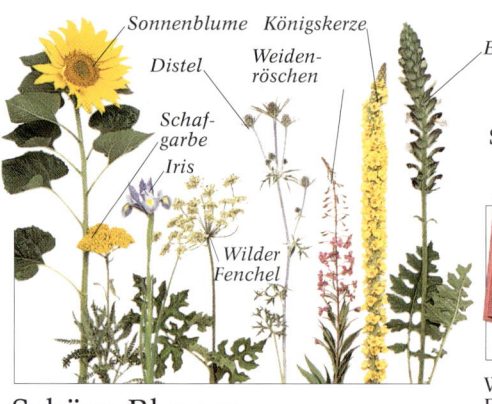

Schließt das Buch und beschwert es mit einem großen Stein: Sein Gewicht drückt die Blätter platt.

Umweltschutz

Nach dem Pflücken verwelken Blumen schnell – zeichnet sie also lieber, um festzuhalten, wie sie aussehen.

Pflanzen wachsen der Sonne entgegen – nach Süden auf der nördlichen und nach Norden auf der südlichen Halbkugel.

Farne auf feuchtem Untergrund

Flechten gedeihen nur in besonders reiner Luft.

Moos

Bäume

Ein Baum bietet
erstaunlich vielen
Tierarten Schutz und
Nahrung: Eulen schlafen
in Höhlen in seinem
Stamm, Vögel nisten
in seinen Zweigen,
und in seinem Blatt-
werk leben Hunderte
von Insekten.

Und das verraten
Euch die Bäume:

Laubbäume werfen ihre
breiten und flachen Blätter
im Winter ab; sie bevor-
zugen warme Stellen.

Nadelbäume haben
spitze, nadelförmige
Blätter. Sie gedeihen
auch an kalten und
trockenen Plätzen.

Die Früchte und
der Samen einiger
Bäume sind giftig.

*Eich-
hörnchen
bauen
ihr Winter-
nest dicht
am Stamm
des Baumes.*

*An
diesem
Knorren
wuchs
einmal
ein Ast.*

*Flechte
deutet auf
sehr saubere
Luft hin.*

*Spinnen ver-
bergen sich
in brüchiger
Baumrinde.*

*Dünne
Rinde
bedeutet,
daß diese
Seite der
Sonne ab-
gewandt ist.*

*Der Baumstamm bringt
Nahrung von den Blättern
zu den Wurzeln.*

*Die Borke schützt das
lebenswichtige Ge-
webe des Baumes.*

Und das könnt
Ihr an Bäumen
finden:

Vogelbeeren haben eine
kräftige Farbe – sie soll
hungrige Vögel und an-
dere Tiere anlocken.

Am Baumstamm wach-
sen viele Zweige, aber
nur wenige wachsen sich
zu Ästen aus.

Einige Schwämme leben ein-
trächtig mit dem Baum zu-
sammen – andere, wie der
Honigpilz, zerstören ihn.

Wenn Laubbäume im
Winter keine Blätter tra-
gen, könnt Ihr sie auch an
ihrer Rinde erkennen.

Baumrinden

Wenn Ihr das Alter eines Baumes
nicht kennt: Seine Rinde gibt
Euch Aufschluß. Die Rinde ist
der lebende Teil des Stammes –
sie verändert sich mit zuneh-
mendem Alter.

*Junge Rinde ist
noch sehr glatt.*

*Alte Rinde hat oft
Wulste und Sprünge.*

*Unter der rissigen Alt-
rinde wächst neue Rinde.*

Rindenzeichnungen

1 Erfaßt Baumarten, indem
Ihr ihre Rinde durchreibt
und ihren Namen dazuschreibt.

2 Legt ein Stück Papier an
die Rinde und reibt mit
Kreide darüber, bis ihr
Muster sich abzeichnet.

3 Schreibt den Namen des
Baumes dazu. Macht das-
selbe mit anderen Bäumen:
Legt Euch eine Sammlung an.

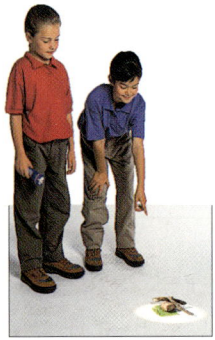

*Nehmt eine Taschen-
lampe mit, wenn Ihr
Tierspuren sucht.*

Beobachten von Tieren

Wilde Tiere scheuen den Menschen – sie verbergen sich meist vor Euch. Ihr könnt aber feststellen, ob sie in der Nähe sind, indem Ihr die Spuren untersucht, die sie hinterlassen: Ihr könnt jede Tierart an ihrer Fährte erkennen. Dung und Unterschlupf (Höhle, Nest, Bau) verraten Euch ebenfalls, welche Tiere sich in der Nähe aufhalten.

Material

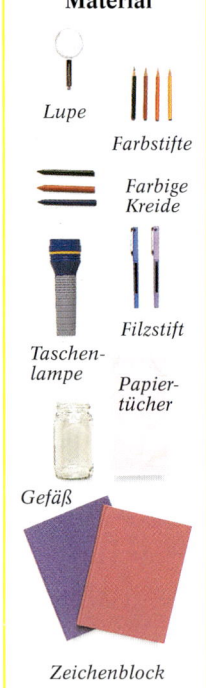

Lupe

Farbstifte

Farbige
Kreide

Filzstift

Taschen-
lampe

Papier-
tücher

Gefäß

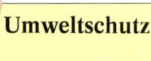

Zeichenblock

Umweltschutz

Spinnweben
reißen leicht – berührt sie also nicht.

Insekten, besonders Ameisen,
folgen ihren
Straßen:
Oft führen sie
zum Wasser.

Aus dem Unterschlupf eines
Tieres dürft Ihr
nichts entfernen.

Tierfährten

Betrachtet die Abdrücke der Tiere in weichem Boden: Sie verraten Euch, um welche es sich handelt.

So bestimmt Ihr die verschiedenen Tierfährten:

Pfotenspuren

Jagende Tiere haben Pfoten, oft mit Krallen. Form und Größe der Abdrücke geben Hinweise auf die Tierart.

Dies ist der Fußabdruck eines Hofhundes – man erkennt das an Größe und Form des Ballens.

Hufspuren

Grasende Tiere wie Schafe, Ziegen oder Rehe haben harte und schmale Füße – Hufe genannt. Gefährlichen Tieren können sie damit schnell entkommen.

Dieser Schafshuf hat zwei auseinanderliegende Zehen – man nennt das einen Paarzeherhuf.

Hüpfspuren

Kleine Vögel wie Krähen oder Spatzen sind sehr leicht; ihre Füße greifen nach Zweigen – also hüpfen sie, anstatt zu gehen.

Der gespreizte Abdruck der Krähe verrät einen auf Ästen sitzenden Vogel – die rückwärtige Kralle greift um den Zweig.

Watschelspuren

Größere Vögel wie Enten und Gänse watscheln beim Gehen nach beiden Seiten. Ihre Zehen sind durch Schwimmhäute verbunden.

Die Ente hat Schwimmhäute zwischen den Zehen – damit kann sie auf sumpfigem Boden laufen.

Und das sind Zeichen von Tieren in Eurer Umgebung:

Spinnweben gibt es überall. Ihr seht sie am besten morgens im Tau.

Insekten jagen nachts Bohrasseln – ihre Spuren findet Ihr am Morgen.

Kaninchen haben – wie viele andere Pflanzenfresser – runden, stark faserigen Dung.

❦ Vögel hinterlassen an Nüssen scharfkantige Löcher, Nagetiere die Abdrücke ihrer kleinen Zähne.

Was Tiere zurücklassen

Weiche Körperfedern

Warme Daunenfeder

Glatte Schwanz- und Flügelfedern

Welcher Federntyp?

Es gibt viele Arten von Vogelfedern: flaumige Daunen, weiche Körperfedern und glatte Schwanz- und Flügelfedern.

Teerfleckengeschwulste auf diesem Blatt einer Platane beweisen, daß sie in verschmutzter Luft aufwuchs.

Schmackhafte Blätter

Man kann leicht erkennen, ob Blätter von Raupen oder Geschwulsten befallen wurden: Raupen lassen nur das Blattskelett zurück, während Geschwulste zu schwarzen Flecken führen.

Von Raupen angefressenes Kirschblatt

Abgenagte Nahrung

Tiere fressen ihre Nahrung auf unterschiedliche Weise – so kann man erkennen, welche Tiere in der Nähe sind.

Von einem Eichhörnchen abgenagter Kiefernzapfen

Von einer Wühlmaus gefressene Haselnuß

Von einer Ratte angenagte Strandschneckengehäuse

Nach diesen Tierbehausungen könnt Ihr Ausschau halten:

Wespennester bestehen aus zerkautem Holz; sie hängen an Ästen oder liegen in Baum-   löchern.

Viele Vögel bauen tassenförmige Nester in Bäumen. Sie flechten alle möglichen Dinge in diese Nester.

Einige Tiere wie Kaninchen schlafen in Höhlen, die sie sich in die Erde gegraben haben.

Nachttiere

Anders als wir sind viele Tiere nachtaktiv: Sie schlafen am Tage und sind nachts wach. Zu den Nachttieren gehören Füchse, Waschbären, Beutelratten, Wüstenmäuse und Motten. Wenn Ihr die Motten fangt, wie hier beschrieben, könnt Ihr sie beobachten.

❦ Wenn Ihr ein Nachttier mit der Taschenlampe blendet, sieht es zunächst nichts mehr und kann Euch manchmal nicht ausweichen.

1 Dreht ein leicht gefärbtes Papiertuch locker zusammen und schiebt es in ein Glas. Ein klares Glasgefäß ist am besten: Da kann das Licht durchscheinen.

2 Legt das Glas an einen festen, waagerechten Platz. Leuchtet mit der Taschenlampe hinein – dabei muß das Licht aber durch das Papiertuch nach außen scheinen.

3 Das angestrahlte Papiertuch lockt bald die Motten an: Notiert die Anzahl und die Größe der eintreffenden Motten!

Wer sich mit dem Wetter auskennt, wird vom Regen nicht überrascht.

Das Wetter

Im Freien ist es vorteilhaft, das Wetter vorhersagen zu können – dann könnt Ihr Euch auf den Wetterwechsel einstellen. Der Wind ändert das Wetter, und Ihr könnt das voraussagen, indem Ihr die Wolken beobachtet. Größe und Form der Wolken verraten Euch, ob es sonnig oder naß wird.

Material

Winkelmesser
Tischtennisball
Zwirn
Kieselsteine
Lineal
Schere
Klebeband
Plastikbogen

Wasserfestes Klebeband

Kochtopf

Schale

Nützliche Tips

Ein klarer Abendhimmel kann zu einer kalten Nacht führen, da nur Wolken die Wärme am Boden halten können.

Insektenfressende Vögel jagen bei gutem Wetter höher – bei aufziehendem Schlechtwetter tiefer.

Windgeschwindigkeitsmesser

Veränderungen der Windgeschwindigkeit können Wetterwechsel ankündigen – also beobachtet den Wind.

Macht etwa 50 cm Zwirn an der Mitte der Leiste fest.

1 Wickelt etwas Zwirn um die Leiste des Winkelmessers und macht einen Kreuzknoten.

Den Kreuzknoten findet Ihr auf Seite 55.

2 Klebt an das andere Ende des Zwirns einen Tischtennisball.

Nehmt kräftiges Klebeband.

3 Haltet den Winkelmesser mit der Skala nach unten. Wenn Ihr ihn in Windrichtung haltet, könnt Ihr den Winkel ablesen, um den der Wind den Ball versetzt – damit könnt Ihr die Windgeschwindigkeit bestimmen.

30° = 50 km/h

60° = 25 km/h

90° = 0 km/h

75° = 10 km/h

So verraten die Wolken Euch das Wetter:

Cirrus-Wolken sind hoch und dünn. Sie bestehen aus Eiskristallen und bedeuten meist gutes Wetter.

Cirrocumulus-Wolken sind klein, weiß und flockig. Sie liegen hoch und bringen meist gutes Wetter.

Cirrostratus-Wolken bilden eine dünne, weiße oder graue Dunstschicht. Wenn sie dicker werden, kann es Regen geben.

Stratocumulus-Wolken liegen tief und können Regen oder Sprühregen bringen.

Weitere Wolken, die
Euch das Wetter ver-
raten:

Altocumulus-Wolken sind
einzelne oder zusammen-
hängende weiße oder
graue Klumpen; sie kön-
nen gutes Wetter bedeuten.

Cumulus-Wolken segeln
bei schönem Wetter über
einen blauen Himmel.
Ihre Spitzen sind weiß
und bauschig.

Cumulonimbus-Wolken
sind groß und massig; sie
bringen starken Regen und
vielleicht sogar Gewitter.

Altostratus-Wolken bilden
eine graue Schicht. Wenn
sie dicker werden, kann
das Regen bedeuten.

Stratus-Wolken be-
decken wie Hochnebel
die oberen Lagen von
Hügeln und Bergen.

Hohe Wolken be-
deuten gutes Wetter,
während tiefliegende
Wolken gewöhnlich
Regen bringen.

Regenmesser

Bei Regen versickert viel Wasser im
Boden. Dadurch ist es schwierig, die
gefallene Regenmenge zu bestimmen.
Der Regenmesser fängt den
Regen direkt auf – und Ihr
könnt die Menge messen.

1 Stellt den
Kochtopf in
die Schale.
Legt den
eingeschnit-
tenen Plastik-
bogen darüber.
Rechts seht Ihr,
wie er einge-
schnitten wird.

2 Faltet den Plastikbogen so,
daß das Loch über dem
Kochtopf liegt und der
Rest über die Schale hin-
aushängt. Klebt die
Plastik mit dem
wasserfesten
Klebeband
zusammen.
Drückt die
Plastik mit
den Kiesel-
steinen in
der Mitte
nach unten.

3 Klebt jetzt die Plastik
an der Schale fest.
Um die Regenmenge
zu bestimmen, meßt die
Durchmesser von Schale
und Kochtopf. Die hier
benutzte Schale hat
einen Durch-
messer von
32 cm, der
Kochtopf
von 16 cm.
Folgt jetzt
den An-
weisungen rechts.

Natürliche Wetterzeichen

Viele Pflanzen reagieren
stark auf Wetterwechsel.

*Kiefernzapfen schließen sich
bei feuchtem Wetter.*

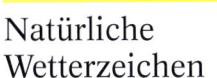

*Bei trockenem Wetter
öffnen sie sich.*

Und so schneidet Ihr
den Bogen und meßt
das Regenwasser:

Faltet den Plastikbogen viermal zusammen und schnei-
det dann ein winziges Stück
einer gefalteten Ecke ab.

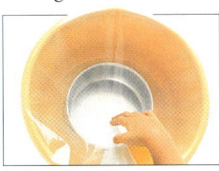

Faltet den Plastikbogen
jetzt zweimal wieder aus-
einander und drückt den
mittleren Teil des Plastik-
bogens über den Kochtopf.

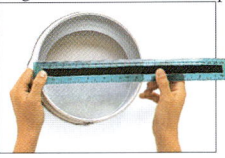

Dividiert (teilt) den Durch-
messer der Schale durch den
Durchmesser des Kochtopfs.
Hier ist das 32 : 16 = 2.

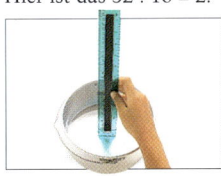

Meßt den Wasserstand
im Kochtopf: Hier steht
es 1,5 cm hoch. Multi-
pliziert jetzt diese Zahl
mit den geteilten Durch-
messern – hier also
1,5 x 2 = 3. Somit sind
pro Quadratzentimeter
3 cm Regen gefallen.

*Bei feuchtem Wetter schwillt See-
gras und fühlt sich feucht an.*

*Bei trockenem Wet-
ter schrumpelt es
und fühlt sich trock-
en an.*

Das sichere Taschenmesser

Wenn Ihr vorher noch kein Taschenmesser benutzt habt, laßt Euch von einem Erwachsenen dabei helfen.

Ein gutes Taschenmesser hilft Euch beim Anfertigen der verschiedensten Gegenstände, deshalb ist es ein wichtiger Teil Eurer Freizeitausrüstung. Allerdings müßt Ihr lernen, damit sicher umzugehen: Dann werdet Ihr Euch nicht verletzen. Ihr müßt wissen, wie man es öffnet und schließt und wie man es schärft – und auch, wie man damit schneidet.

Material

Leder-gürtel

Stöcke

Öl

Taschenmesser

Wetzstein

Nützliche Tips

Befestigt ein Band am Taschenmesser, so daß Ihr es Euch um den Hals hängen könnt.

Ein stumpfes Taschenmesser schneidet nicht gut.

Wenn die Klingen des Taschenmessers im rechten Winkel zum Griff stehen, schnappen sie nach innen.

Die Teile des Taschenmessers

Säge und Dosenöffner an einem Taschenmesser sind nützliche Extras.

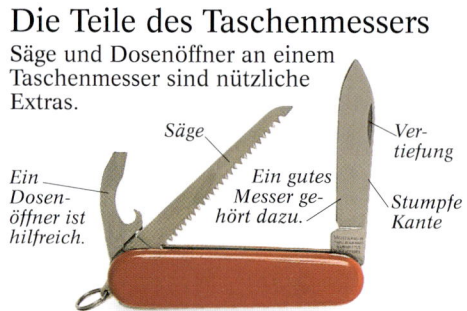

Säge

Ein Dosen-öffner ist hilfreich.

Ein gutes Messer gehört dazu.

Ver-tiefung

Stumpfe Kante

Einen Stock anspitzen

Sicherlich wollt Ihr für Euer Lager die verschiedensten Gegenstände anfertigen. Wenn Ihr wißt, wie man einen Stock anspitzt, könnt Ihr diese Technik auch auf andere Tätigkeiten übertragen.

Holz-schnipsel

Haltet den Stock fest in der Hand.

1 Schneidet immer vom Körper weg: Dann könnt Ihr Euch nicht verletzen, wenn das Taschenmesser mal ausrutscht. Schneidet kleine Stücke ab – nicht große.

Haltet die Klinge beim Anspitzen in einem Winkel von 30° zum Stock.

2 Drückt die Klinge mit dem Daumenballen vorsichtig vom Körper weg. Schneidet kleine Schnipsel Holz ab, bis der Stock spitz ist.

So öffnet und schließt Ihr das Taschenmesser richtig:

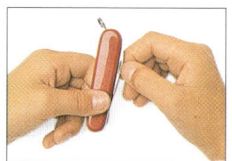

Steckt den Daumennagel in die Vertiefung an der stumpfen Kante der Klinge.

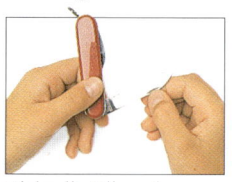

Zieht die Klinge heraus, soweit es geht – Ihr könnt dann spüren, wie sie einrastet.

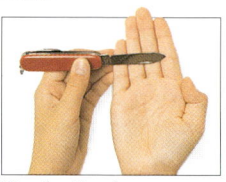

Um das Taschenmesser zu schließen, drückt die Finger einer Hand flach gegen die stumpfe Seite der Klinge.

Drückt die Klinge vorsichtig in den Griff – aber paßt auf, daß die Finger der anderen Hand dabei nicht im Wege sind!

Und so schärft Ihr die Klinge des Taschenmessers richtig:

Reibt etwas Öl oder Wasser auf den Wetzstein. Drückt die scharfe Kante der Klinge gegen den Stein.

Zieht beide Seiten der scharfen Kante der Klinge vorsichtig so lange über den Stein, bis die Klinge ganz scharf ist.

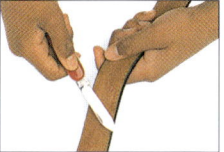

Glättet die rauhen Stellen der scharfen Kante, indem Ihr sie mit beiden Seiten über den Ledergürtel zieht.

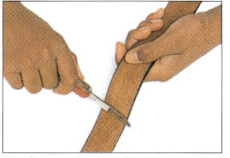

Nehmt dazu die Innenseite des Gürtels, und paßt auf, daß die scharfe Kante dabei stets nach hinten zeigt.

Einen Stock schnitzen

Die Äste, die Ihr am Boden findet, sind nicht immer so, wie Ihr es gern hättet. Wenn Ihr die Zweige abschneidet, könnt Ihr einen Stock daraus machen.

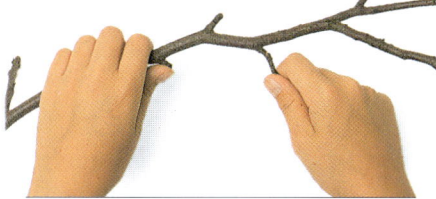

1 Entfernt alle Blätter, und brecht tote Zweige ab. Entscheidet Euch jetzt, welche Zweige Ihr behalten wollt: Wenn Ihr einen Topfhalter (Seite 26) machen wollt, braucht Ihr die Zweige am dicken Ende des Astes.

2 Schneidet mit dem Taschenmesser all die Zweige ab, die Ihr nicht braucht – aber haltet dabei die scharfe Kante vom Körper weg. Schneidet die Zweige ganz unten ab, und drückt die Klinge dabei vom Ast weg.

3 Wenn Ihr die Zweige abschneidet, bleiben noch kleine Stummel übrig: Auch die stutzt Ihr mit dem Taschenmesser zurecht. Ihr könnt auch die Rinde schälen, indem Ihr die Klinge in einem ganz kleinen Winkel unter die Rinde und den Ast entlangschiebt.

Ein Ast ohne Rinde trocknet viel schneller als einer mit Rinde.

Und so benutzt Ihr die Säge des Taschenmessers:

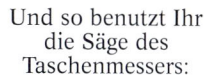

Wenn Ihr ein dickeres Stück Holz zerteilen wollt, nehmt dazu die Säge am Taschenmesser.

Haltet die Säge senkrecht zum Stock – wenn Ihr sie schräg haltet, könnt Ihr sie schlechter führen.

Drückt und zieht die Säge so lange vor und zurück, bis Ihr den Ast durchgesägt habt.

Weitere Schneide-Werkzeuge

Wenn Ihr einen Erwachsenen bei Euch habt, bittet ihn, noch weiteres Schneide-Werkzeug für Euch zu machen.

Laßt den Erwachsenen mit diesem Werkzeug arbeiten – Ihr könntet Euch zu leicht verletzen!

Eine Drahtsäge machen
Macht eine Schlaufe an beiden Enden eines Drahts. Befestigt daran Schlaufen aus Kordel.

Eine Drahtsäge benutzen
Steckt die Finger durch die Kordelschlaufen, und zieht den Draht hin und her.

Schneiden mit dem Feuerstein
Laßt den Feuerstein auf einen Stein fallen: Er zerspringt, und es bleiben scharfe Kanten zurück.

Nützliche Knoten I

Es gibt Hunderte von Knoten – alle für verschiedene Zwecke. Einige Knoten kann man allerdings vielseitig gebrauchen. Es ist besser, wenn Ihr wenige Knoten lernt als zu viele: Die könntet Ihr vergessen oder falsch knüpfen! Ihr müßt auch aufpassen, daß die Schnur oder das Seil, mit dem Ihr den Knoten macht, für den geplanten Zweck stark genug ist.

Kreuzknoten nimmt man, wenn die Schnur naß und schwer lösbar werden könnte.

Material

Seile und Schnüre verschiedener Stärke

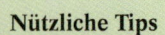

Nützliche Tips

Wenn Ihr einen Schlüsselknoten nach einem anderen Knoten macht, hält der besser.

Ein Schlüsselknoten am Ende eines Seils aus Naturfaser verhindert, daß es ausfranst.

Kunstfaserseile verrotten nicht so schnell wie Naturfaserseile.

Bei Nässe oder Frost läßt es sich leichter mit Naturfaserseilen arbeiten.

Einfacher Achterknoten

Dieser Knoten ist schnell geknüpft und hält sehr gut. Er eignet sich besonders für das Knüpfen von Schlaufen.

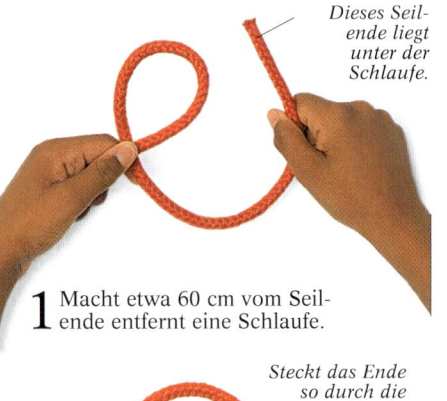

Dieses Seilende liegt unter der Schlaufe.

1 Macht etwa 60 cm vom Seilende entfernt eine Schlaufe.

Steckt das Ende so durch die Schlaufe.

2 Führt das lose, lange Ende über das Seil und dann von hinten durch die Schlaufe: Es bildet sich eine liegende Acht.

3 Zieht mit beiden Händen den Knoten fest: Jetzt habt Ihr eine sichere Schlaufe am Ende Eures Seils. Wenn Ihr diesen Knoten zum Hochziehen schwerer Gegenstände benutzt, paßt auf, daß Euer Seil dafür auch stark genug ist.

So verknüpft Ihr zwei Seile oder Schnüre miteinander:

Nehmt zwei Seile, und legt das gelbe Seil unter und über das rote.

Führt das rote Seil über das gelbe zurück.

Steckt das rote Seil unter dem gelben hindurch, und zieht mit beiden Händen den Knoten fest.

Diesen Knoten könnt Ihr leicht lösen, indem Ihr die beiden Seilenden einfach gegeneinander drückt.

Und so macht Ihr einen Schlüsselknoten in ein Seil oder eine Schnur:

Dieser Knoten bildet den Anfang vieler Knoten; außerdem befestigt er lose Enden. Macht zuerst eine Schlaufe.

Führt das Seilende dann von hinten durch die Schlaufe nach vorn.

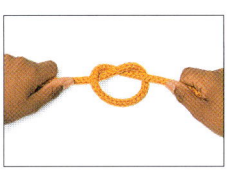

Zieht den Knoten jetzt mit beiden Händen fest: Damit ist der Schlüsselknoten gesichert.

Seite 16 zeigt Euch, wie man das Ende eines Kunstfaserseils gegen Ausfransen schützt.

Einfacher Palstek

Palstek-Schlingen lösen sich nicht und ziehen sich nicht zusammen – Ihr könnt damit sichere Schlaufen machen, wenn Ihr klettert oder taucht.

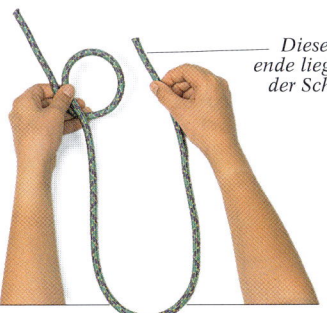

Dieses Seilende liegt über der Schlaufe.

Seilende

1 Legt fest, wie groß die Schlinge sein soll – wenn der Knoten festgezogen ist, könnt Ihr die Größe nicht mehr verändern. Macht jetzt die Schlaufe.

2 Bringt das Seilende von hinten durch diese Schlaufe.

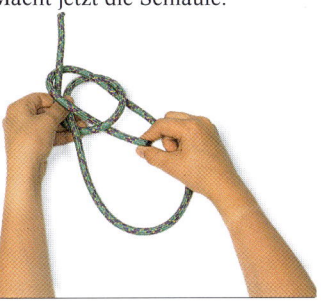

3 Führt das Seilende nun von hinten um das Seil und dann durch die Schlaufe zurück.

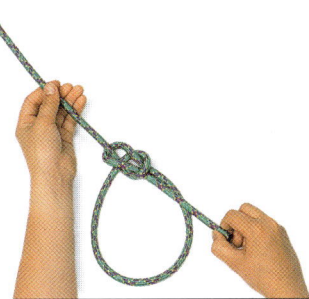

4 Zieht dann mit der linken Hand den Palstek fest: Jetzt wird er halten.

Einfacher Schotenstek

Wenn Ihr zwei Seile miteinander verknüpft, darf der Knoten sich nicht lösen – auch nicht bei Seilen verschiedener Stärke. Der einfache Schotenstek eignet sich hierfür am besten.

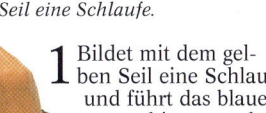

Bildet mit dem dickeren Seil eine Schlaufe.

1 Bildet mit dem gelben Seil eine Schlaufe, und führt das blaue von hinten nach vorne durch.

Legt das blaue Seil über das gelbe.

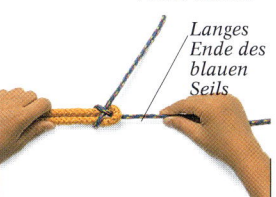

Langes Ende des blauen Seils

2 Führt das blaue Seil hinter der gelben Schleife hindurch.

3 Schiebt das Ende des blauen Seils unter dem blauen Seil in der Schlaufe hindurch nach oben.

4 Zieht das lange Ende des blauen Seils fest: Jetzt sind beide Seile fest miteinander verknüpft.

Nützliche Knoten II

Die Knoten, mit denen man Dinge miteinander verknüpft, nennen Seeleute »Lasching«. Es gibt viele Laschings – jede für einen bestimmten Zweck: Ein Kreuzbund zum Beispiel verbindet zwei Stöcke zu einer langen Stange, und ein Bockschnürbund verbindet zwei Stöcke rechtwinklig miteinander.

Ein Zimmermannsknoten eignet sich bestens für den Beginn einer Lasching.

Material

Schnur

Seil

Taschenmesser

Nützliche Tips

Beim Querbund wickelt die Schnur dreimal in jeder Diagonale um beide Stöcke.

Wenn Ihr ein Ende der Schnur lose laßt, anstatt es festzustecken, könnt Ihr die Lasching leichter öffnen.

Macht Euch einen Wanderstock, indem Ihr einen kleinen Stock mit einem Bockschnürbund an einem größeren befestigt.

Mit einem Kreuzbund könnt Ihr ein standfestes Dreibein herstellen: Lascht drei Stöcke zusammen, und zieht die Schnur zwischen den Stöcken jeweils nach unten.

Zimmermannsknoten

Bockschnürbund und Querbund fangen mit einem Zimmermannsknoten an: Das ist eine Abart des Standard-Schlüsselknotens.

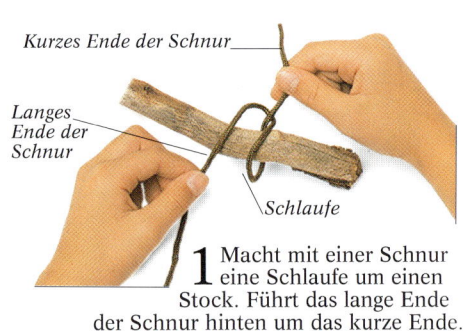

Kurzes Ende der Schnur

Langes Ende der Schnur

Schlaufe

1 Macht mit einer Schnur eine Schlaufe um einen Stock. Führt das lange Ende der Schnur hinten um das kurze Ende.

Führt das lange Ende der Schnur von rechts innen durch die Schlaufe.

2 Wickelt das lange Ende der Schnur um die Schlaufe, so oft Ihr könnt – das sollte Euch drei- oder viermal gelingen.

3 Zieht dann den Knoten fest, indem Ihr so lange am kurzen Ende zieht, bis der Knoten eng am Stock anliegt. Dieser Knoten ist jetzt der Beginn einer Lasching.

Kurzes Ende der Schnur

So verbindet der Querbund zwei Stöcke, die gespreizt werden sollen:

Befestigt die Schnur an einem der Stöcke mit dem Zimmermannsknoten. Wickelt sie schräg um beide Stöcke.

Führt sie um den senkrechten Stock, und wickelt sie auch in der anderen Diagonalen.

Wickelt die Schnur jetzt dreimal kreisförmig vorn und hinten um die Stöcke.

Wickelt die Schnur um den senkrechten Stock, und sichert sie mit einem Webeleinstek (Seite 57).

So verbindet der Bockschnürbund zwei Stöcke rechtwinklig miteinander:

Befestigt die Schnur an einem der Stöcke mit einem Zimmermannsknoten. Wickelt sie dann waagerecht um beide Stöcke.

Wickelt sie jetzt dreibis viermal senkrecht und kreisförmig um beide Stöcke.

Macht eine Schlaufe um einen der Stöcke, und umwickelt beide Stöcke erneut – in der Gegenrichtung.

Wenn Ihr das drei- bis viermal gemacht habt, sichert die Schnur mit einem Webeleinstek.

Kreuzbund

Mit dieser Lasching verbindet Ihr zwei Stöcke parallel zueinander.

1 Befestigt die Schnur an einem der Stöcke mit einem Webeleinstek, und folgt dann den Anweisungen rechts.

Eine starke Schnur macht die Lasching noch sicherer.

2 Wickelt die Schnur parallel um beide Stöcke, indem Ihr sie etwa 3 cm breit mit Schnur bedeckt. Zieht dann die Schnur zwischen den Stöcken nach unten, und folgt den Anweisungen rechts.

3 Um einen A-förmigen Unterschlupf zu bauen, zieht Ihr die Stöcke unten auseinander, bis sie ein »A« bilden. Den Unterschlupf auf Seite 16 könnt Ihr standfester machen, indem Ihr zwei so miteinander verbundene Stöcke benutzt.

Weitere Hinweise zum Gebrauch des Kreuzbundes:

Wickelt die Schnur zunächst mehrfach um einen der Stöcke und dann öfter um beide Stöcke.

Wickelt die Schnur ganz stramm um beide Stöcke, und paßt auf, daß die Wicklungen nebeneinander liegen.

Dann wickelt sie dreimal zwischen den Stöcken um die Wicklung: Das gibt der Lasching festen Halt.

Schließt die Lasching mit einem Webeleinstek an einem der Stöcke ab.

Webeleinstek

Mit diesem Knoten befestigt Ihr Eure Schnur an Pfosten, Masten und anderen festen Gegenständen.

Mit dem Webeleinstek schließt Ihr Querbund, Bockschnürbund und Kreuzbund ab.

1 Wickelt die Schnur einmal um den Stock, und haltet ein Ende nach oben.

2 Wickelt dieses Ende um den Stock, und steckt es durch die entstandene Schlaufe.

3 Schließ den Webeleinstek ab, indem Ihr beide Enden stramm anzieht.

Erste Hilfe I

Ihr könnt einem kranken oder verletzten Menschen sehr viel schneller zur Besserung verhelfen, wenn Ihr wißt, was Ihr sofort tun müßt: Das nennt man »Erste Hilfe«! Ihr müßt auch erkennen können, wann eine Verletzung ernst ist – dann müßt Ihr Hilfe herbeiholen. Wenn eine Verletzung nicht so schlimm ist, müßt Ihr wissen, wie man sie behandelt, damit sie sich nicht entzündet.

Ein Erste-Hilfe-Kästchen kann verhindern, daß kleine Verletzungen sich entzünden.

Inhalt des Erste-Hilfe-Kästchens

Wenn Ihr wandert oder irgendwo im Freien zeltet, solltet Ihr ein Erste-Hilfe-Kästchen dabeihaben. Darin sollte sich die hier gezeigte Ausrüstung befinden. Verpackt sie am besten in einem wasserdichten und – natürlich – sauberen Behälter.

Mit Sicherheitsnadeln könnt Ihr Verbände feststecken.

Mit Rollbinden verbindet Ihr verletzte Arme oder Beine.

Gazekompressen oder -umschläge sind in versiegeltes Papier verpackt: So bleiben sie keimfrei oder steril.

Mit antiseptischen Tupfern reinigt Ihr verletzte Haut.

Aus Dreiecktüchern macht Ihr Stützschlingen.

Elastische Binden passen sich den Kurven eines Körpers an.

Mit Pflastern haltet Ihr Schnitte und Schrammen sauber.

Mit der Pinzette entfernt Ihr Splitter und Stacheln.

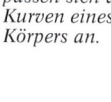

Hühneraugenpflaster schützen Blasen an Euren Füßen.

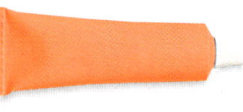

Mit Zinksalbe behandelt Ihr sonnenverbrannte Haut.

Mit der Schere schneidet Ihr Gaze, Binden und Pflaster zurecht.

So behandelt Ihr Schnitte und Schrammen mit Gazekompressen:

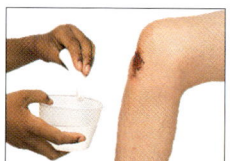

Wascht die Wunde mit Wasser und Seife vorsichtig aus. Nehmt dazu die Gazekompresse oder eine sehr weiche Bürste.

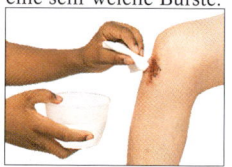

Versucht, Dreck oder Kies zu entfernen. Geht vorsichtig dabei vor: Es könnte wieder zu bluten anfangen.

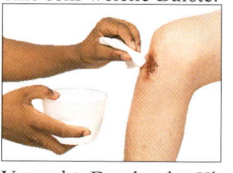

Drückt eine saubere Kompresse, möglichst aus Gaze, auf die Wunde: Das stillt die Blutung.

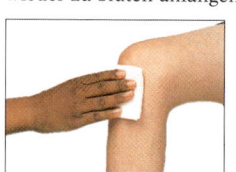

Klebt dann ein Pflaster auf die Wunde – aber es muß auch groß genug sein und die Wunde bedecken.

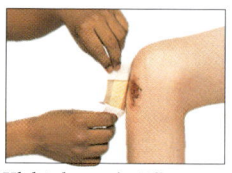

Und so behandelt Ihr einen Wespenstich mit Pinzette und kaltem Umschlag:

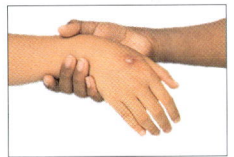

Mit der Pinzette wird der Stachel herausgezogen. Haltet die verletzte Stelle mit der Hand still.

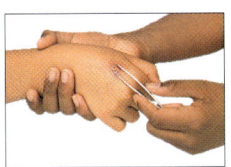

Ergreift den Stachel so dicht über der Haut wie nur möglich – und dann zieht ihn heraus.

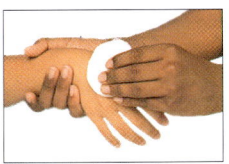

Kühlt die Stelle etwa 10 Minuten lang mit einem kalten Umschlag. Vollgesogene Gazekompressen eignen sich gut dafür.

⭐ Wenn der Stich sich im Mund befindet: Gebt ihr oder ihm kaltes Wasser zu trinken – und holt einen Erwachsenen.

Entfernen eines Splitters mit einer Pinzette

Wascht die Stelle um den Splitter.

Das Wasser darf nicht zu heiß sein.

1 Wascht die betroffene Stelle mit warmem Wasser und Seife – aber drückt dabei den Splitter nicht noch tiefer hinein!

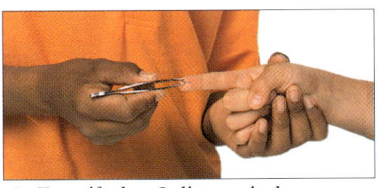

2 Ergreift den Splitter mit der Pinzette so dicht über der Haut wie möglich, und zieht ihn in dem Winkel heraus, in dem er eindrang.

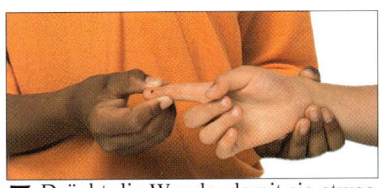

3 Drückt die Wunde, damit sie etwas blutet: Das spült Schmutz hinaus. Wascht die Stelle noch einmal, tupft sie trocken, und klebt ein Pflaster darüber.

So behandelt Ihr Brandwunden und schützt sie vor Verschmutzung:

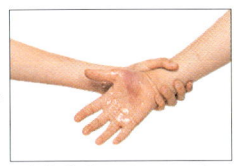

Gießt kaltes Wasser über die Wunde, bis der Schmerz nachläßt: Das dauert etwa 10 Minuten.

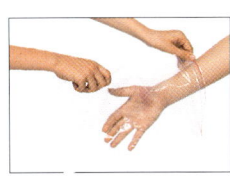

Bedeckt die Wunde mit einer sauberen Plastiktüte. Wenn die Haut nicht zu stark verletzt ist, nehmt Gaze.

Sichert die Plastik locker mit Klebeband – Tüte oder Klebeband dürfen die Wunde aber nicht berühren.

⭐ Vor allem aber: Salben oder Flüssigkeiten gehören nicht auf Brandwunden!

Behandeln von Blasen

Blasen an den Füßen kommen beim Wandern immer wieder vor. So verhindert Ihr sie: Tragt nur gut sitzende Socken und Schuhe, und bedeckt eine Stelle, die wund wird, sofort mit einem Pflaster.

1 Reinigt die Blase gründlich mit Wasser und Seife. Spült sie dann mit sauberem, warmem Wasser.

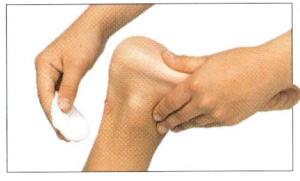

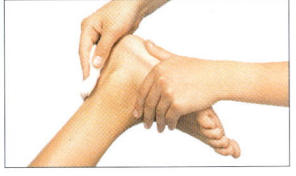

2 Trocknet die Blase und die Haut drum herum, indem Ihr sie vorsichtig mit einer sauberen Kompresse abtupft.

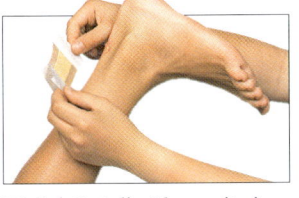

3 Schützt die Blase mit einem Pflaster – groß genug, um die Blase abzudecken.

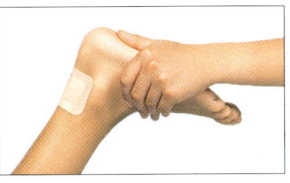

4 Wenn die Blase sehr groß ist, legt einen sauberen, aber nicht zu weichen Verband an.

Erste Hilfe II

Ihr könnt ein Menschenleben retten, wenn Ihr schnell reagiert und wißt, was zu tun ist. Wenn Ihr aber nicht ganz sicher seid: Holt Erwachsene zu Hilfe. Wenn ein Verletzter an einer Stelle liegt, die Ihr nur unter Gefahr erreichen könnt: Holt sofort Erwachsene – auch wenn Ihr wißt, was Ihr tun müßtet!

Ein stark unterkühlter Patient wird in einer Decke aufgewärmt.

Überhitzt oder unterkühlt

Im Freien reagiert Euer Körper empfindlicher auf Temperaturschwankungen. Ihr müßt also aufpassen: Zu heiß oder zu kalt zu werden, ist sehr gefährlich.

Trinkt etwas Kaltes.

So erkennt Ihr Sonnenbrand, Hitzschlag und Unterkühlung:

Sonnenverbrannte Haut sieht rot und feucht aus. In extremen Fällen zieht sie Blasen und blutet.

Sonnenbrand

Einen Sonnenbrand bekommt Ihr, wenn Ihr Euch ohne Sonnencreme zu lange in der Sonne aufhaltet. Wenn das passiert: Geht sofort in den Schatten und tragt eine lindernde Salbe auf – Zinksalbe zum Beispiel.

Legt den Betroffenen an einen kühlen Platz.

Sonnenverbrannte Haut ist rot, empfindlich und juckt.

Fächeln vertreibt die Hitze.

★ Wenn die Haut Blasen zieht oder blutet: Geht sofort zum Arzt.

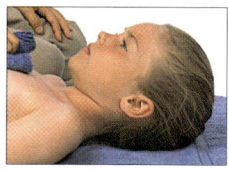

Bei Hitzschlag ist die Haut rötlich und trocken. Das Herz schlägt schneller, der Pulsschlag steigt.

Hitzschlag

Hitzschlag tritt auf, wenn der Körper stark überhitzt ist: Der Betroffene klagt über Kopfschmerzen und fühlt sich heiß und benommen. Bringt ihn in den Schatten, und zieht seine Oberbekleidung aus. Reibt ihn mit einem Schwamm und kaltem Wasser ab, bis seine Temperatur wieder normal ist.

Laßt das Wasser am Körper trocknen.

Unterkühlung läßt Herzschlag und Puls absinken. Die Haut fühlt sich kühl und trocken an und sieht blaß aus.

Unterkühlung

Bei Unterkühlung ist die Körpertemperatur zu niedrig: Das kann sehr gefährlich werden. Der Betroffene zittert und friert – jetzt ist es am wichtigsten, ihn zu erwärmen: Wickelt ihn in warme Kleidung und Decken, und bedeckt auch seinen Kopf. Gebt ihm ein warmes Getränk und zuckerhaltige Nahrung.

Wenn Ihr keine Decke habt: Steckt ihn in einen Schlafsack.

★ Bittet jemanden, bei ihm zu bleiben, und holt Erwachsene zu Hilfe.

★ Berührt den Körper nicht mit heißen Dingen wie Wärmflaschen – er muß sich langsam erwärmen.

Und so überprüft Ihr Atemwege, Atmung und Pulsschlag:

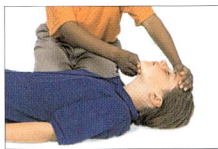

Stellt sicher, das im Mund nichts die Atemwege blockiert. Hebt das Kinn an und neigt den Kopf nach hinten.

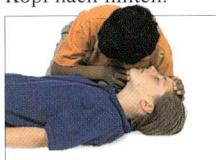

Überprüft die Atmung: Spürt mit der Wange nach Atmung und beobachtet, ob sich die Brust senkt und hebt.

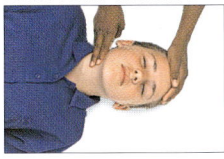

Legt zwei Finger vorsichtig an die Seite der Luftröhre, bis Ihr ein Pochen spürt: Das ist der Puls.

⭐ Wenn Puls und/oder Atmung nicht normal erscheinen: Holt sofort Erwachsene herbei.

Nützliche Tips

Die Luftröhre liegt in der Mitte des Halses.

👣 Wenn die Atmung sehr schwach ist, haltet einen Spiegel vor Mund und Nase: Er beschlägt, wenn der Patient atmet.

👣 Macht Euch Notizen über den Zustand des Patienten – dann könnt Ihr Erwachsenen genau berichten, was passiert ist.

Ruft ihren Namen, um sicherzugehen, daß sie nicht nur schläft.

Behandlung einer Bewußtlosen

Wer bewußtlos ist, liegt reglos am Boden. Folgt den Anweisungen links und überzeugt Euch, daß die Betroffene atmet und Puls hat. Folgt jetzt den Anweisungen unten, um sie in die stabile Seitenlage zu bringen – und dann holt Erwachsene zu Hilfe!

1 Legt sie auf den Rücken. Drückt den Kopf nach hinten und hebt das Kinn an, um sicherzustellen, daß die Atemwege frei sind. Kniet Euch hin und legt den Euch zugewandten Arm rechtwinklig nach oben.

Legt die Beine gerade.

Die Handfläche zeigt nach oben.

⭐ Wenn Ihr vermutet, daß der Hals verletzt ist: Dann bewegt sie nicht, sondern stellt nur sicher, daß ihre Atemwege frei sind.

2 Legt den anderen Arm auf die Brust. Drückt den Handrücken gegen die Euch zugewandte Wange.

Die Hand stützt den Kopf.

Haltet die Hand gegen die Wange.

Beugt ihr Bein in der Kniekehle.

3 Greift mit der freien Hand nach dem Euch abgewandten Bein. Zieht an ihrer Kniekehle, um das Bein zu beugen – laßt dabei aber den Fuß flach auf dem Boden.

Dieses Bein bleibt gestreckt.

Das untere Bein muß gestreckt bleiben.

4 Haltet die Hand weiter gegen die Wange: Das stützt ihren Kopf. Zieht das angewinkelte Bein weiter herüber, bis sie auf die Seite rollt.

Hindert sie mit den Knien daran, auf den Bauch zu rollen.

⭐ Sobald Eure Patientin in der stabilen Seitenlage ist: Holt Erwachsene zu Hilfe.

5 Legt ihr Gesicht vorsichtig mit der Seite auf den Boden; die Hand bleibt dabei unter der Wange. Zieht das obere Bein im rechten Winkel nach außen: So kann sie nicht weiterrollen. Drückt den Kopf zurück – dadurch bleiben die Atemwege frei.

Verhalten im Freien

Wenn Ihr Euch in der freien Natur aufhaltet, müßt Ihr die Natur auch schützen. Dieses Kapitel zeigt Euch, was Ihr tun und nicht tun dürft – schließlich wollen alle ihre Freude an der Natur haben. Am wichtigsten aber ist: Nehmt Rücksicht auf freilebende Tiere und Pflanzen, und nehmt all Eure Abfälle wieder mit nach Hause!

Das solltet Ihr tun:

Tragt nachts helle Kleidung – dann kann man Euch besser sehen. Das gilt besonders für Wanderungen auf Fahrstraßen!

Mit Rückstrahlern und Leuchtbändern werdet Ihr nachts schneller aufgefaßt.

Tore und Gatter schließt Ihr stets hinter Euch: Dann können die Tiere ihre Weiden und Koppeln nicht verlassen.

Wenn es keinen Weg gibt: Geht um Felder herum. Wenn Ihr quer über die Felder lauft, beschädigt Ihr die Ernte.

Im Frühling scheinen manche Felder nicht bebaut zu sein – aber manche Pflanzen reifen bereits unter der Erde heran.

Achtet auf die Tierwelt. Findet heraus, welche Tiere in Eurer Gegend gefährlich sein könnten.

Die Klapperschlange ist einer der schnellsten »Killer« der Tierwelt.

In Amerika sind Klapperschlangen die gefährlichsten Schlangen.

Die Frontscheinwerfer beleuchten die Straße vor einem Auto.

Mit Feuer müßt Ihr äußerst vorsichtig umgehen: Es gerät zu schnell außer Kontrolle!

Auch kleine Feuer – wie dieses hier – können sich sehr schnell ausbreiten.

Auf Fahrstraßen geht Ihr stets links dem Verkehr entgegen: Dann können die Autofahrer Euch besser sehen, und vor allem – Ihr seht auch sie!

Hunde führt Ihr an der Leine – dann können sie nicht herumstromern und andere Tiere erschrecken.

Das solltet Ihr nicht tun:

Werft Eure Abfälle nicht in
Bäche, Teiche oder Tröge,
aus denen Tiere
trinken könnten:
Nehmt all Euren
Müll stets wieder
mit nach Hause!

Reißt keine Blätter ab
und pflückt keine
Pflanzen – das
schadet der
Natur und ist
in manchen
Gegenden
ohnehin ver-
boten.

*Dieses Muttertier schützt
seine jungen Lämmer
mit allen Mitteln!*

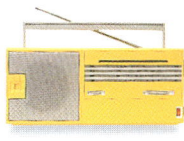

Macht keinen
Lärm, besonders
nicht mit Radio
oder Kassetten-
spieler: Lärm
stört die Tierwelt – und
auch Menschen!

Steigt nicht durch Zäune
und Hecken oder über
Mauern – wenn Ihr sie
beschädigt, können
Tiere entkommen.

Jagt nicht hinter
freilebenden Tieren
her: Sie könnten sich
verletzen – oder Jagd
auf Euch machen!

Nützliche Adressen

Deutscher Bundesjugendring
Haager Weg
D-53127 Bonn
Tel: 0228/91021-0
Fax: 0228/91021-22

Ring Deutscher Pfadfinderverbände
Martinstr. 2
D-41472 Neuss
Tel: 02131/4699-0
Fax: 02131/4699-99

Ring Deutscher Pfadfinderinnenverbände
Unstrutstr. 10
D-51371 Leverkusen
Tel: 0214/23015
Fax: 0214/24034

Deutsches Jugendherbergswerk
Bismarckstr. 8
D-32756 Detmold
Tel: 05231/7401-0
Fax: 05231/7401-66

Deutsches Jugendrotkreuz
Friedrich-Ebert-Allee 71
D-53113 Bonn
Tel: 02225/882-1
Fax: 02225/882-299

Deutsche Wanderjugend
Tannenweg 22
D-71364 Winnenden
Tel: 07195/92450
Fax: 07195/92458

Jugend des Deutschen Alpenvereins
Von-Kahr-Str. 2-4
D-80997 München
Tel: 089/14003-0
Fax: 089/14003-11

Naturfreundejugend Deutschlands
Haus Humboldtstein
D-53424 Remagen
Tel: 02228/8041
Fax: 02228/8434

Österreichischer Bundesjugendring
Am Modenapark 1-2/326
A-1030 Wien
Tel: 0043.1715/5743/71116
Fax: 0043.1712/8584

Pfadfinderinnen und Pfadfinder
Österreichs
Breite Gasse 13
A-1070 Wien

Schweizerische Arbeitsgemeinschaft
der Jugendverbände
Schwarztorstr. 69
CH-3007 Bern
Tel: 0041.31382/2225
Fax: 0041.31382/4493

Pfadibewegung Schweiz
Postfach 3252
CH-3000 Bern 7

Letzebuerger Scouten
Centre Convict, Bloc G
5 Avenue Marie Thérèse
L-2132 Luxembourg

Pfadfinder und Pfadfinderinnen
Liechtensteins
Postfach 49
FL-9494 Schaan

Index

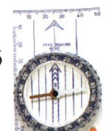

Danksagung

Dorling Kindersley bedankt sich bei:

Erik Warren und Nick Dewdney für Beratung bei
der Bildherstellung, Gary Sanders für die Text-
überprüfung, Carole Stott für Überprüfung des
Kapitels »Orientieren nach Sonne und Sternen«,
Brian Cosgrove für Überprüfung von »Das Wetter«,
Dr. Rachel Carrol und Dr. Simon Carrol für
Beratung bei den Erste-Hilfe-Maßnahmen und den
Adventure Shops der Youth Hostel Association für
Ausleihen von Material.

Bildrecherche: Jo Walton

Bildmaterial: o=oben, u=unten, M=Mitte, l=links,
r=rechts

* Brian Cosgrove: 50 or, Mr, Mur, ur; 51 ol, Mol,
Ml, Mul, ul

* John Cleare/Mountain Camera: 15 or, Mr

Kartographie: Roger Bullen, James Anderson

Zeichnungen: Nick Hewetson, John Woodcock